Ulrich Gill
FDGB – Die DDR-Gewerkschaft
von 1945 bis zu ihrer Auflösung 1990

Band 13
Schriftenreihe des DGB-Bildungswerkes
Gewerkschaften in Deutschland
Texte – Dokumente – Materialien
Herausgegeben von Heinz-Werner Meyer
und Jochen Richert
Redaktion: Manfred Scharrer

Ulrich Gill

FDGB

Die DDR-Gewerkschaft
von 1945 bis zu ihrer Auflösung 1990

Bund-Verlag

Gefördert von der Hans-Böckler-Stiftung

CIP-Titelaufnahme der Deutschen Bibliothek

Gill, Ulrich:
FDGB: die DDR-Gewerkschaft von 1945 bis zu ihrer
Auflösung 1990/Ulrich Gill. – Köln: Bund-Verl., 1991
(Gewerkschaften in Deutschland; Bd. 13)
ISBN 3-7663-2244-3
NE: GT

© 1991 by Bund-Verlag GmbH, Köln
Lektorat: Gunther Heyder
Herstellung: Heinz Biermann
Umschlag: Kalle Giese, Overath
Satz: Satzbetrieb Schäper GmbH, Bonn
Druck: Wagner, Nördlingen
Printed in Germany 1991
ISBN 3-7663-2244-3

Alle Rechte vorbehalten, insbesondere die des öffentlichen Vortrags,
der Rundfunksendung und der Fernsehausstrahlung,
der fotomechanischen Wiedergabe, auch einzelner Teile.

Inhalt

Vorwort der Herausgeber 9
Allgemeine Vorbemerkung 13
Einführung 17

Darstellung

Zum Vorverständnis: Das Gewerkschaftsbild in der Weltanschauung des Marxismus-Leninismus 19

1945 bis 1947: Einheitsgewerkschaft

Entstehung unter Besatzungsrecht 23
Gründungskongreß – über Konflikte zur Einheit ohne Inhalt ... 27
Die SED im Kommen 31

1947 bis 1950: Stalinisierung

»Wir unterstehen der Partei« – Unterwerfung unter die SED ... 33
»Wir wissen jetzt, wofür wir arbeiten!« –
Produktionssteigerung als neue Hauptaufgabe 35
Hindernis Betriebsrat – aufgelöst 37
»Wie könnt Ihr einen Normbrecher feiern . . .« –
Die Arbeiterschaft reagiert 39
3. Kongreß 1950 – Stalins Gewerkschaft ist perfekt 41

1950 bis 1954: Kursschwankungen und Arbeiteraufstand

Imageverfall und -aufbesserung 1950 bis 1952 43
Kursverhärtung, totaler Vertrauensentzug 1953, Folgen 45

1955 bis 1961: Gewöhnung

Ideologie statt Interessenvertretung 50
Enthüllte Mitbestimmungsmängel und apathische Mitglieder ... 51

1961 bis 1970: Im Wechselbad wirtschaftlicher SED-Experimente

»Neues Ökonomisches System der Planung und Leitung«
(NÖSPL) – der Stern des FDGB sinkt weiter 54
Aushöhlung des NÖSPL – propagandistischer Raumgewinn
des FDGB 57
Das Ansehen des FDGB in den sechziger Jahren 59

1971 bis 1989: Abklärung und Stillstand

Siebziger Jahre: Aufgabenpräzisierung mit straffer
SED-Führung 61
Achtziger Jahre: Aufgabenerstarrung und Perspektivlosigkeit .. 66

Die fünf Haupttätigkeitsfelder des FDGB vor der »Wende« 68

1989/90: Die Revolution entläßt den FDGB

Reform als Nachhut 71
Von der Selbstüberschätzung zur Selbstauflösung 74

Hinweise zur Arbeit mit den Dokumenten 81

Dokumente 85

Zeittafel 139

Glossar 146

Abkürzungen 148

Literatur 149

Verzeichnis der Dokumente

Dok. 1 Wladimir Iljitsch Lenin
Über Partei, Staat und Gewerkschaften (1920) 85

Dok. 2 Befehl Nr. 2 des Obersten Chefs der Sowjetischen
Militärischen Administration (10. 6. 1945) 87

Dok. 3 Aufruf des vorbereitenden Gewerkschaftsausschusses
für Groß-Berlin (15. 6. 1945) 89

Dok. 4 Wolfgang Leonhard
Während der Gewerkschaftswahlen (Januar 1946) ... 93

Dok. 5 Befehl Nr. 234 des
Obersten Chefs der Sowjetischen Militäradministration in Deutschland über Maßnahmen zur Erhöhung der Arbeitsproduktivität und zur weiteren Verbesserung der materiellen Lage der Arbeiter und Angestellten der Industrie und des Verkehrswesens
(9. 10. 1947) 95

Dok. 6 Aufruf des FDGB zum Befehl Nr. 234 (13. 10. 1947) 101

Dok. 7 Passage aus dem Beschluß der Bitterfelder
FDGB-Funktionärskonferenz (25./26. 11. 1948) 104

Dok. 8 Rudolf Herrnstadt
Kollege Zschau und Kollege Brumme (14. 10. 1951) . 105

Dok. 9 Otto Lehmann
Zu einigen schädlichen Erscheinungen bei der
Erhöhung der Arbeitsnormen (16. 6. 1953) 108

Dok. 10 Streikende in der DDR-Metallindustrie am
17. Juni 1953 – Aufstellung des Zentralvorstandes der
IG Metall des FDGB (27. 7. 1953) 110

Dok. 11 Walter Ulbricht
10 Gebote der sozialistischen Moral (10. 7. 1958) 118

Dok. 12 Eva Altmann
Über die demokratischen Rechte der Arbeiter
in den sozialistischen Betrieben (Dezember 1956) 119

Dok. 13 Abschnitt II, Kapitel 3, aus der DDR-Verfassung: Die
Gewerkschaften und ihre Rechte (6. 4. 1968) 123

Dok. 14 Aus der Ansprache Erich Honeckers und der
Reaktion auf dem 8. FDGB-Kongreß (26. 6. 1972) .. 125

Dok. 15 Schreiben Harry Tischs an Erich Honecker
wegen eines Interviews beim »Deutschlandfunk«
(5. 10. 1987)...................................... 128

Dok. 16 Aus dem Arbeitsgesetzbuch der DDR von 1978:
Rechte der Gewerkschaften (16. 7. 1977) 129

Dok. 17 Pflichten der FDGB-Mitglieder laut FDGB-Satzung
(1982)... 131

Dok. 18 Vorgegebener Themenplan für die »Schulen der
sozialistischen Arbeit« (1984/85) 132

Dok. 19 Aus dem Bericht des Ausschusses zur Untersuchung
von Amtsmißbrauch und Korruption im ehemaligen
Bundesvorstand des FDGB (31. 1. 1990) 133

Dok. 20 Entwurf des gewerkschaftlichen Dachverbandes
FDGB für eine Änderung der DDR-Verfassung
(1. 2. 1990)....................................... 134

Dok. 21 Beschluß der Vorsitzenden der Einzelgewerkschaften
des FDGB über dessen Auflösung (9. 5. 1990) 135

Dok. 22 Auflösungsbeschluß des Außerordentlichen
FDGB-Kongresses (14. 9. 1990) 137

Vorwort der Herausgeber

Am 16. November 1990 jährte sich zum hundertsten Mal der Tag, an dem 74 Delegierte der freien Gewerkschaften Deutschlands in Berlin zusammenkamen, um über gewerkschaftliche Grundsatzfragen und die Vorbereitung eines allgemeinen Gewerkschaftskongresses zu beraten. Sie folgten einem Aufruf, den die »Vertrauensmänner der Metallarbeiter Deutschlands« (eine Art Verbandsführung für die Metallarbeiter-Gewerkschaften) angesichts der Bedrohung des Koalitionsrechtes durch Unternehmerzusammenschlüsse erlassen hatten.

Der unmittelbare Anlaß für diese Initiative war die Massenaussperrung, mit der die vereinigten Unternehmer von Hamburg und Altona die Streiks und Kundgebungen von 20 000 Hamburger Arbeitern am 1. Mai 1890 beantwortet hatten. Diesem geschlossenen Vorgehen der Unternehmer waren trotz einer breiten Solidarität die noch schwachen Gewerkschaftsverbände nicht gewachsen.

Die Berliner Vorständekonferenz beschloß deshalb unter anderem, einen zentralen Streikfonds zu bilden. Das herausragende Ergebnis dieser Konferenz war jedoch – wie sich im Verlauf der weiteren Entwicklung zeigen sollte – die Bildung einer Kommission zur Vorbereitung eines allgemeinen Gewerkschaftskongresses, die sich den Namen »Generalkommission der Gewerkschaften Deutschlands« gab. Dies war praktisch die Gründung eines gewerkschaftlichen Dachverbandes, der in dieser Form auf dem 1. Kongreß der Gewerkschaften Deutschlands im März 1892 in Halberstadt beschlossen wurde.

Damit existierte neben dem »Verband deutscher Gewerkvereine« (den »Hirsch-Dunckerschen Gewerkvereinen«) ein zweiter gewerkschaftlicher Dachverband.

Wenige Jahre später, im Jahre 1901, schlossen sich die christlichen Gewerkschaften im »Gesamtverband der christlichen Gewerkschaften Deutschlands« zusammen.

Wenn auch die Gründung der Generalkommission der Gewerkschaften Deutschlands noch nicht der Grundstein für eine einheitliche Gewerkschaftsbewegung war, die Zusammenführung der drei Gewerkschaftsrichtungen vielmehr noch fast 60 Jahre auf sich warten ließ, so bildete der Zusammenschluß der freien Gewerkschaften zu einer einheitlichen Dachorganisation der frei gewerkschaftlich organisierten Arbeiterinnen und Arbeiter doch einen wesentlichen Meilenstein auf dem Weg dorthin.

Denn die Generalkommission wurde trotz sehr begrenzter personeller und finanzieller Ausstattung, trotz der Konkurrenz mit anderen Gewerkschaftsrichtungen und auch in manch harter Auseinandersetzung mit den auf ihre Selbständigkeit bedachten Mitgliedsgewerkschaften zu einem einflußreichen und kompetenten Fürsprecher für die Interessen der abhängig Beschäftigten gegenüber der Reichsregierung, den Unternehmern, aber auch gegenüber der sozialdemokratischen Partei, der sich die freien Gewerkschaften verbunden fühlten.

Ihr Wirken für die Weiterentwicklung und den Ausbau des gewerkschaftlichen Unterstützungswesens, für den Aufbau und die Zusammenfassung der Gewerkschaftsorganisation, für die gegenseitige Unterstützung in harten Arbeitskämpfen, aber auch ihr Eintreten für die Weiterentwicklung der Sozialgesetzgebung, des Rechtsschutzes für Arbeiter und Arbeiterinnen wie zur Wahrung des gesellschaftspolitischen Einflusses der Gewerkschaften spiegeln ein Selbstverständnis, das bis heute Bestand hat.

Die Gründung der Generalkommission ist daher Anlaß genug, um unseren Kolleginnen und Kollegen Material an die Hand zu geben, damit sie der Geschichte der eigenen Organisation nachgehen können.

Die Schriftenreihe des DGB-Bildungswerkes »Gewerkschaften in Deutschland. Texte – Dokumente – Materialien« wendet sich an alle Kolleginnen und Kollegen, die in der gewerkschaftlichen Bildungsarbeit tätig sind, die an den Themenstellungen unserer Reihe interessiert sind, die sich über Gewerkschaftsarbeit in Deutschland, ihre Entstehung und ihre Probleme informieren wollen.

Die Bände können und wollen keine der zahlreichen Gesamtdarstellungen zur Geschichte der Gewerkschaften in Deutschland ersetzen. Sie sind vielmehr bewußt als Bildungstexte und Bildungsmaterialien konzipiert.

Die auf Verständlichkeit, Eingängigkeit und Schwerpunktsetzung orientierten Texte sollen auch dem historisch nicht vorgebildeten Leser und der Leserin die wesentlichen Probleme der Geschichte und der Entwicklung gewerkschaftlicher Arbeitsfelder vor Augen führen, die abgedruckten Dokumente zur eigenständigen Meinungs- und Urteilsbildung beitragen.

Die ersten vier Bände der Reihe geben einen Überblick über die wesentlichen Entwicklungslinien der Geschichte der Gewerkschaften bis zur Gründung der Einheitsgewerkschaft im Jahre 1949, die folgenden Bände befassen sich mit der Entstehung und Herausbildung zentraler Arbeitsfelder der Gewerkschaften heute.

Gerade darin sehen wir den wesentlichen Neuansatz dieser Reihe, der es auch ermöglichen soll, diese Handlungsfelder der Gewerkschaften und die durch sie verfolgte gewerkschaftliche Politik aus ihren Entstehungsbedingungen heraus zu verstehen und analysieren zu können.

Sie sollen damit einen Beitrag leisten, die inner- wie außerbetriebliche Interessenvertretung so zu begreifen, daß sie ständig neu gestaltet werden muß.

Wir danken den Autorinnen und Autoren dieser Bände, die sich der Mühe unterzogen haben, die Geschichte der Gewerkschaften und die Entwicklung zentraler gewerkschaftlicher Handlungsfelder aus ihrer Sichtweise heraus darzulegen und kritisch zu beleuchten.

Wir haben bewußt unterschiedliche Positionen und Sichtweisen zur Geltung kommen lassen, da Kritik, Offenheit und Dialog über Probleme, Entwicklungen und auch Fehlentwicklungen in unserer eigenen Geschichte Motor einer intensiven und fruchtbaren Auseinandersetzung über uns und unsere heutigen Perspektiven sind.

Wir bedanken uns bei allen, die an der Entstehung dieser Bände mitgewirkt haben, insbesondere danken wir dem DGB-Bildungswerk und der Hans-Böckler-Stiftung, die die Herausgabe dieser Bände erst möglich gemacht haben.

Düsseldorf, im November 1990

Heinz-Werner Meyer
Vorsitzender des Deutschen
Gewerkschaftsbundes

Jochen Richert
Vorsitzender
des DGB-Bildungswerkes

Allgemeine Vorbemerkung

Die Bände der Schriftenreihe des DGB-Bildungswerkes »Gewerkschaften in Deutschland. Texte – Dokumente – Materialien« sind gedacht für die außerschulische, besonders für die gewerkschaftliche Bildungsarbeit. Sie richten sich nicht nur an Teamer, Referenten und Dozenten, sondern ebenso an die Teilnehmer von historischen Seminaren und eignen sich auch zum Selbststudium.

Die Form der Darstellung, die thematische Begrenzung, der Umfang und die Gliederung der Bände in einen Darstellungs- und Dokumententeil versuchen dies zu berücksichtigen.

Die Reihe ist konzipiert nach dem Prinzip eines offenen Baukastens. Dies gilt sowohl für den methodischen Ansatz als auch für die inhaltliche Schwerpunktsetzung.

Ausgegangen wird dabei von dem Anspruch, Organisationsgeschichte vermittelt mit industrie-, sozial-, kultur- und ideengeschichtlichen Zusammenhängen darzustellen. Auch soll der traditionelle Ansatz gewerkschaftlicher Geschichtsschreibung mit dem einseitigen Blick nach oben auf die Verbandsvorstände und -kongresse vermieden werden.

Gemäß der Einsicht, daß weniger oft mehr ist, läßt sich dieser umfassende Anspruch unter der pädagogischen Vorgabe, daß die Darstellung möglichst anschaulich sein muß für Leser, die (noch) keine Experten der Arbeiterbewegung sind, nur arbeitsteilig einlösen. Der Baukasten enthält Bausteine, die ideengeschichtlich, andere, die mehr organisationssoziologisch und sozialgeschichtlich orientiert sind. Neben chronologisch, überblickartig angelegten Darstellungen stehen themenzentrierte, die sich an aktuellen gewerkschaftlichen Problemfeldern und Aufgabenstellungen orientieren. Angestrebt wird keine integrative Gesamtdarstellung, sondern ein inhaltlich und methodisch möglichst facettenreiches, buntes und lebendiges Mosaik.

Allgemeiner Zweck der Reihe ist es, nicht nur Informationen über die Geschichte der Arbeiterbewegung zu vermitteln, nicht nur zu zeigen, was war und wie es gewesen ist, sondern vor allem, warum es zu bestimmten Handlungen, Ereignissen und Entwicklungen gekommen ist.

Es geht nicht darum, Dogmen auswendig zu lernen – die lange Zeit in der Arbeiterbewegung eine verhängnisvolle Rolle gespielt haben –, sondern Worte und Taten der Zeitgenossen verstehen und kritisch beurteilen zu lernen. Voraussetzung für eine so verstandene historische Bildung ist die Arbeit mit Quellen. Nur so kann die Fähigkeit entwickelt werden, Beschreibungen und Wertungen der Geschichtsschreiber kritisch zu lesen und sich eine eigenständige Meinung zu bilden. In diesem allgemeinen Sinne will die historische Bildung zugleich aktuelle politische Bildung sein.

Die Darstellung und die Dokumente sind eng aufeinander bezogen. Die Darstellung soll – im idealen Falle – als vorbereitende, realistischerweise als seminarbegleitende oder nachbereitende Lektüre dienen. Der Dokumententeil soll die Interpretation und Wertung der Darstellung überprüfbar machen, er ist in erster Linie jedoch gedacht für die unmittelbare Verwendung in Seminaren.

Der Darstellung und Auswahl der Dokumente liegt die Vorstellung zugrunde, daß in den Seminaren Geschichte nicht nur erzählend vermittelt wird, sondern die Teilnehmer selbständig in Arbeitsgruppen Dokumente lesen und diskutieren. Für diese selbständige Arbeit der Teilnehmer mit schriftlichen Quellen sind die Dokumente vornehmlich ausgewählt worden.

Inhaltlich ist für die Auswahl der Dokumente entscheidend, welche Bedeutung sie über den unmittelbaren Zusammenhang hinaus für die Geschichte der Arbeiterbewegung hatten. Unter dem Gesichtspunkt einer erfahrungsbezogenen Bildungsarbeit bietet dies vielleicht die Chance, auch beim Thema Geschichte der Arbeiterbewegung an schulisches oder sonstiges allgemeines Vorwissen anknüpfen zu können.

Für die Auswahl der Dokumente spielte weiter die methodisch-pädagogische Überlegung eine Rolle, daß möglichst kontroverse Positionen zum gleichen Thema unter der gleichen Fragestellung das selbständige Arbeiten mit Dokumenten und die Möglichkeit für die Teilnehmer, eine kritische Distanz zu entwickeln, erleichtert. Unter diesem Gesichtspunkt sind die Dokumente zu Themenblöcken zusammengefaßt. Dies ist als ein Vorschlag zu verstehen; andere Kombinationsmöglichkeiten, auch zwischen Dokumenten verschiedener Bände, bieten sich an.

Ausgegangen wird dabei von der Annahme, daß Dokumente/Quellen nicht für sich sprechen, sondern daß erst die inhaltlichen und historischen Bezüge ihre Bedeutung erkennen lassen.

Manfred Scharrer

Einführung

Ein Blick auf die Geschichte des FDGB in der SBZ und der DDR muß anders ausfallen als in dieser Reihe gewohnt: Nicht innerorganisatorische Auseinandersetzungen oder Konflikte mit Gegnern im Arbeitskampf verlangen unser besonderes Augenmerk. Derlei gab es im zentralistisch von der SED beherrschten Staate nicht. Vor allem, wie der FDGB in die Abhängigkeit von dieser Partei geriet und welch – geringer – Spielraum ihm anschließend blieb, steht zwangsläufig im Mittelpunkt dieses Bandes. Wie die Beschäftigten in der DDR mit dieser von ihnen weder so erschaffenen noch geliebten Monopolgewerkschaft fertig wurden, muß uns interessieren.

Im Westen des geteilten Deutschlands gab es stets ganz andere Ausgangsbedingungen für gewerkschaftliche Interessenvertretung. Wir erleben eine Phase, in der sich diese Bedingungen auf ganz Deutschland ausbreiten. Die Restbestände des FDGB, neu strukturierte Einzelverbände, befinden sich in Auflösung. Mitglieder treten DGB-Gewerkschaften bei und bewirken so die deutsche Gewerkschaftseinheit.

Das kann nicht nur Anlaß sein zu Triumphgefühlen, so sehr sie angesichts der Überwindung einer Diktatur und der Entknebelung gewerkschaftlicher Arbeit auch angebracht zu sein scheinen.

Der Blick zurück auf einen FDGB, dessen Geschichte beendet ist, sollte helfen, künftig mancherlei für die gesamtdeutsche Gewerkschaftsarbeit zu bedenken. Dies gilt vor allem für eines: Das Verhängnis des FDGB war seine totale Bindung an die SED, die ihm ein Monopol garantierte und ihn zugleich seiner Selbständigkeit beraubte. Effektive Vertretung der abhängig Beschäftigten ist freilich nur möglich aus einer unabhängigen und überparteilichen Position heraus und in einem pluralistischen Gemeinwesen.

Zum Vorverständnis: Das Gewerkschaftsbild in der Weltanschauung des Marxismus-Leninismus

Nahezu in der gesamten Zeit seines Bestehens begriff sich der FDGB offiziell als eine Gewerkschaftsorganisation, deren Tätigkeit auf den Lehren von Marx, Engels, Lenin – und anfangs auch noch von Stalin – fußte. Dies hat zu Positionsbestimmungen im gewerkschaftlichen Umfeld und einem Selbstverständnis geführt, die mit westlich-demokratischen Maßstäben kaum zu erfassen sind. Daher ist es unvermeidlich, den weltanschaulichen Hintergrund des FDGB eingangs zu beleuchten. Er war bestimmend für den Gesamtcharakter dieser Gewerkschaft.

Ausgangspunkt, jedoch beileibe nicht Endpunkt der theoretischen wie praktischen Fixierung des FDGB sind die Erwägungen von Karl Marx (1818–1883). Er begründet vor anderthalb Jahrhunderten die fortan als wissenschaftlich ausgegebene Lehre vom notwendigen Sturz des seinerzeitigen kapitalistischen Systems. Diese revolutionäre Aufgabe weist Marx der Arbeiterklasse zu. Welche genaue Rolle Gewerkschaften hierbei spielen und wie insbesondere deren Beziehungen zur Arbeiterpartei aussehen sollen, läßt Marx freilich im dunkeln[1]. Zur Gewerkschaftsrolle in der nachrevolutionären Gesellschaft – als die sich die SED-geführte DDR stets begriff – findet man bei ihm nichts.

In die Lücke schlüpft Wladimir Iljitsch Lenin (1870–1924). Er ewartet keine revolutionären Impulse aus der Gewerkschaftsbewegung wie vor ihm Marx. Den dort organisierten Arbeitern traut er nicht zu, den unversöhnlichen Gegensatz zwischen ihren Interessen und dem gesamten wirtschaftlichen und politischen System zu erkennen. Es mangele an revolutionärem Bewußtsein. Dies müsse ihnen daher »von außen gebracht werden«[2].

---

1 Siehe auch Band 1 dieser Reihe: Manfred Scharrer: Arbeiter und die Idee von den Arbeitern 1848 bis 1869, Köln 1990, S. 110–114, sowie die dortigen Dokumente.
2 Wladimir Iljitsch Lenin: Was tun? Brennende Fragen unserer Bewegung, in: Ders.: Ausgewählte Werke in sechs Bänden, Band I, Berlin (Ost) 1970, S. 365.

Wer tut das? – Es sei nicht die gesamte Arbeiterschaft, sondern zunächst nur eine auserlesene Gruppe fähig, sich ein hohes Bewußtsein anzueignen: die Partei. Dieser Partei räumt Lenin einen allumfassenden Vorrang ein. Es existiere ein »Unterschied im Grad der Bewußtheit«, und Gewerkschaften seien eben »primitiver, dem Bewußtsein der unterentwickelten Schichten zugänglicher«[3]. Darüber, daß Gewerkschaften »unter Kontrolle und Leitung« der Partei arbeiten, kann es für Lenin »keine zwei Meinungen geben«[4]. So wird die Gewerkschaftsbewegung in Lenins Theorie – später auch in der Praxis, etwa in Form des FDGB – zu einem Erfüllungsgehilfen der Partei. Diese Partei wiederum ist streng zentralistisch organisiert – als eine Art Generalstab mit entsprechenden Führungsstrukturen für die Arbeiterschaft (Dok. 1).

Welche Aufgaben weist Lenin seinen Gewerkschaften nach der geglückten Revolution zu? Zuallererst bedürfe es künftig keines Mißtrauens gegenüber dem Staat, über den nunmehr auch die Partei gebietet. Mit ihm sollen Gewerkschaften eng zusammenarbeiten. Daß sie sogar »Staatsorganisationen« werden könnten, gehört zu Lenins ersten Einfällen nach der Oktoberrevolution des Jahres 1917 – ein später verworfener Gedanke. Unablässig verficht er bis zu seinem Tode 1924 jedoch die Idee, daß es nach der Umwandlung des Privateigentums an den Hauptproduktionsmitteln in Staatseigentum keine grundsätzlichen Gegensätze zwischen Staat und Gewerkschaften gebe. Beide unterstehen der Partei und haben das gemeinsame Interesse am Aufbau des Sozialismus. So verwandelt sich die Gewerkschaft von einer Kampforganisation gegen die Kapitalisten, die verschwunden sind, zu einer konfliktvermeidenden Einrichtung. Zur Hauptaufgabe wird es, die Gewerkschaftsmitglieder zu hohen Arbeitsleistungen anzuspornen. Das Ergebnis dieser Anstrengungen komme unter den neuen gesellschaftlichen Bedingungen allen zugute.

In seinen letzten Schriften hat Lenin den Gewerkschaften dann doch noch angeraten, im äußersten Falle auch den Konflikt mit dem sozialistischen Staat, freilich niemals mit der Partei, in ihr Kalkül einzubeziehen[5]. So sehr Lenin – nicht Marx – die Sowjetunion und die späteren Ostblockstaaten insgesamt auch vorprägte, so wenig Bedeutung gewann dieser Einzelaspekt seiner Lehren. Was von Lenins Gedanken zur

---

3 Ders.: Ein Schritt vorwärts, zwei Schritte zurück, ebenda, S. 647.
4 Ebenda, S. 651.
5 Siehe hierzu ausführlich Ulrich Gill: Der Freie Deutsche Gewerkschaftsbund (FDGB). Theorie – Geschichte – Organisation – Funktionen – Kritik, Opladen 1989, S. 36–43.

Wahrheit erhoben und was verschwiegen wurde, bestimmte in den kommenden Jahrzehnten der sowjetische Diktator: Stalin. Der Gedankenwelt dieses totalitären Herrschers war es völlig fremd, dem Staat und der Partei kritisch gesonnene Organisationen zu dulden. Diese Tradition setzte sich nach seinem Tod 1953 unter seinen stalinistischen Nachfolgern auch in der DDR bis ins Jahr 1989 fort.

1945 bis 1947:
Einheitsgewerkschaft

Entstehung unter Besatzungsrecht

Deutschland lag 1945 materiell und moralisch am Boden. Aber die Rahmenbedingungen, die langersehnte Einheitsgewerkschaft endlich zu begründen, waren besser denn je – insbesondere in der sowjetischen Zone. Die dortige Besatzungsmacht orientierte sich nach dem Krieg zunächst auf Zusammenarbeit mit den Westalliierten unter der Zielsetzung eines der UdSSR zumindest nicht gegnerisch gesonnenen (Gesamt-)Deutschland. Hierzu sollte die eigene Besatzungszone eine Art Modellcharakter annehmen.

Daher galt es, Übereinkünfte mit möglichst allen nicht-nationalsozialistischen parteipolitischen Strömungen neben der KPD einzugehen und die deutschen Kommunisten selbst von zügellosem Radikalismus abzuhalten. So geschah es: Die KPD milderte ihre Programmatik merklich gegenüber vorher und bekannte sich in ihrem (Neu-)Gründungsaufruf vom 11. Juni 1945 gar zu der »Auffassung, daß der Weg, Deutschland das Sowjetsystem aufzuzwingen, falsch wäre, denn dieser Weg entspricht nicht den gegenwärtigen Entwicklungsbedingungen Deutschlands«[1]. Die Stalinisierung behielt man sich vor, schwor ihr jedoch für den Augenblick nach außen hin ab.

Die Absicht der Besatzungsmacht setzte sich durch. Zu ihrer gewerkschaftspolitischen Strategie zählte der unbedingte Wille, eine neuerliche Zersplitterung der Gewerkschaftsbewegung in weltanschauliche Gruppen und Grüppchen zu vermeiden. In dem Bestreben nach einer Einheitsgewerkschaft stimmte sie mit sämtlichen ehemaligen deutschen Gewerkschaftsrichtungen überein. Diese sahen – den wenig ruhmreichen Untergang des Jahres 1933 und gemeinsame, leidvolle Verfolgung

---

1 *Deutsche Volkszeitung* (Organ der KPD) vom 13. Juni 1945.

während der NS-Zeit vor Augen – 1945 keine Alternative zu einem übergreifenden Zusammenschluß.

Konflikte rankten sich mithin nicht um die Einheitsgewerkschaft *an sich*, sondern darum, wer *in ihr* entscheidend Einfluß nehmen sollte:

Vier gewerkschaftliche Hauptrichtungen bestanden vor 1933: die sozialdemokratisch ausgerichteten Freien Gewerkschaften (ADGB und AfA-Bund), die Christlichen Gewerkschaften (DGB), die liberal-national orientierten Hirsch-Dunckerschen Gewerkvereine und schließlich die stets mitgliedsschwachen, aber durch Radikalität hervorgetretenen kommunistischen Gewerkschaften (RGO). Sie rangen 1945 um Machtpositionen in der neuen Einheitsgewerkschaft.

Zunächst sammelten sich Anfang Mai 1945 die alten Gruppen, soweit ihre Akteure die NS-Zeit überlebt hatten.

Vor allem von freigewerkschaftlicher Seite, aber auch durch die späteren (Ost-)CDU Vorsitzenden Jakob Kaiser (vormals ein christlicher Gewerkschafter) und Ernst Lemmer (vormals der Hirsch-Dunckerschen Richtung zugehörig) wurde bereits Mitte des Monats der alte Gruppenrahmen gesprengt. In erster Linie die Sozialdemokraten drängten hierbei auf eine rasche Gründung, obgleich die Besatzungsmacht noch keine Rechtsgrundlage geschaffen hatte. Ihnen ging es darum, den Kommunisten durch entschlossenes Handeln zuvorzukommen, um sie sodann freilich in »ihre« Einheitsgewerkschaft einzubinden.

Die ehemaligen Freigewerkschafter hatten Verbindungen zu Kommunisten und wußten, daß auch KPD-Funktionäre die Hände gewerkschaftspolitisch nicht in den Schoß gelegt hatten. Beginnend mit dem Eintreffen der »Gruppe Ulbricht« aus der Sowjetunion am 30. April 1945 hatte man zielgerichtet am Aufbau der neuen Einheitsgewerkschaft gearbeitet und vor allem Kontakte zu Sozialdemokraten gesucht und ihnen die sowjetischen Absichten unterbreitet. Darin war für Kommunisten mehr als eine Nebenrolle in den Gewerkschaften vorgesehen.

Ende Mai war klar, daß das freigewerkschaftliche Vorhaben nicht von Erfolg gekrönt sein würde und man Verhandlungen mit den Kommunisten aufnehmen oder – wie es im Rückblick auf Jakob Kaisers Rolle hieß – »sich damit abfinden mußte, von diesen, mit der Besatzungsmacht im Hintergrund, hinzugezogen zu werden«[2].

Am 2. Juni 1945 lud die sowjetische Militärverwaltung vier Kommunisten, darunter Walter Ulbricht, vier Sozialdemokraten (wovon einer ohne Kenntnis der anderen mittlerweile offenbar der KPD beigetreten war) sowie Kaiser und Lemmer vor, um sie offiziell mit der Vorbereitung der Gewerkschaftsgründung zu beauftragen. Am nächsten Tag begannen die Beratungen. Sie dauerten bis zum 13. Juni.

Nach wie vor gab es jedoch keine rechtlichen Voraussetzungen für Gewerkschaften. Dies änderte sich während des Beratungsprozesses: Am 10. Juni ließ Shukow, Oberster Chef der Sowjetischen Militäradministration in Deutschland (SMAD), mit seinem berühmten Befehl Nr. 2 nicht nur die Gründung von Parteien, sondern zugleich von Gewerkschaften zu (Dok. 2). Mit dieser Anordnung nahmen die Sowjets – bis zum Juli 1945 noch alleinige Besatzungsmacht in der Hauptstadt Berlin – wesentliche Bestimmungen vorweg, über die mit den Westalliierten keine Absprachen vorlagen. Ihnen sollte eine fertige Einheitsgewerkschaft für ganz Deutschland oktroyiert werden.

Der Befehl zeichnete sich am Horizont ab, als die deutschen Gewerkschafter ihre Gespräche aufnahmen. Lediglich die kommunistischen Beratungsteilnehmer waren eingeweiht und gaben dies den anderen zu verstehen. Damit war klar, wer hinter ihnen stand, und daß die Verhandlungen unter Zeitdruck stattfanden.

Die Besprechungen liefen keineswegs konfliktfrei ab. »Mit Herrn Kaiser hatte ich schon in der ersten Sitzung eine Auseinandersetzung«[3], erinnerte sich Walter Ulbricht. Zwistigkeiten entstanden zum einen wegen der von Ulbricht geforderten Funktionsverteilung innerhalb eines zu bildenden »Vorbereitenden Gewerkschaftsausschusses für Groß-Berlin«, einem provisorischen FDGB-Vorstand. Zum anderen rief ein von Ulbricht unverzüglich vorgelegter, fertiger Gründungsaufruf (ein vorläufiges FDGB-Programm) Differenzen hervor. Nach seinem Willen sollte dessen endgültige Verabschiedung sofort am zweiten Verhandlungstag erfolgen. Das mißlang. Erst nach etlichen Streichungen, Neuformulierungen und Ergänzungen glückte nach zehn Tagen der

---

2 *Deutsche Volkszeitung* (Organ der KPD) vom 13. Juni 1945.
3 Walter Ulbricht: Die geeinte Arbeiterklasse führte das Volk aus der Katastrophe (Rede vom 12. 5. 1960), in: *Neues Deutschland* vom 17. April 1965.

Kompromiß[4]. Auch die KPD-Unterhändler halfen kräftig mit, über alle alten Gräben hinweg die Basis für die neue Einheitsgewerkschaft zu schaffen. Dazu der christdemokratische Verhandlungsteilnehmer Ernst Lemmer:

> »... die Kommunisten (wollten) sowohl den sozialdemokratischen Gründern als auch Kaiser und mir nichts zumuten ..., was eine Einigung erschwert hätte. Ihnen ging es in erster Linie darum, den Grundstein für eine neue Gewerkschaftsbewegung in der sowjetischen Besatzungszone und Berlin zu legen; sie wünschten, daß auch Sozialdemokraten und CDU-Angehörige von Anfang an mit dabei waren«[5].

Mehr noch: Im sowjetischen Auftrag sollte für *ganz* Deutschland eine kommunistisch beeinflußte, aber vorerst nicht stalinisierte Modellgewerkschaft *ohne Konkurrenzeinrichtungen* ins Leben gerufen werden. Das gelang – zunächst ...

Am 15. Juni 1945 brachte der »Vorbereitende Gewerkschaftsausschuß für Groß-Berlin«, in der Praxis der erste FDGB-Vorstand (bestehend aus drei Kommunisten, zwei SPD-Mitgliedern, dem nach wie vor als Sozialdemokrat geführten KPD-Mitglied und Kaiser und Lemmer, der noch nicht gegründeten CDU zuzurechnen), den ausgehandelten Gründungsaufruf an die Öffentlichkeit (Dok. 3). Man bekannte sich darin zur Einheit und vier »Erstaufgaben der freien Gewerkschaften« als programmatischen Schwerpunkten:

- dem Kampf gegen den Nationalsozialismus,
- dem Wiederaufbau,
- der Vertretung der Arbeiter und Angestellten und
- erzieherischer Tätigkeit.

Dies ging kaum über Selbstverständliches hinaus und fand daher mühelos allgemein Zustimmung (zumal die Besatzungsmacht die Verbreitung massiv förderte).

Das Ergebnis der Gründungsberatungen ist typisch für den gesamten FDGB der ersten zwei Jahre: Bei der Besetzung von Führungsgremien wurden KPD-Interessen üppig befriedigt – angesichts der einstmaligen Schwäche der kommunistischen Gewerkschaften der Weimarer Zeit

---

4 Sämtliche Sitzungsberichte des »Vorbereitenden Gewerkschaftsausschusses«/vorläufigen FDGB-Vorstandes sind dokumentiert bei Horst Bednareck, Albert Behrendt und Dieter Lange (Hrsg.): Gewerkschaftlicher Neubeginn. Dokumente zur Gründung des FDGB und zu seiner Entwicklung von Juni 1945 bis Februar 1946, Berlin (Ost) 1975.

5 Ernst Lemmer: Manches war doch anders. Erinnerungen eines deutschen Demokraten, Frankfurt a. M. 1968, S. 279.

waren KPD-Angehörige mit faktisch der Hälfte der FDGB-Vorstandsposten sehr gut bedient.

Hinsichtlich programmatischer Aussagen war Unverbindliches der Grundzug. Die Entscheidung, ob der FDGB eine leninistisch-stalinistische Gewerkschaft werden oder in der Tradition der Weimarer Freien Gewerkschaften stehen würde, fiel 1945 nicht.

So wich das Gesamtbild der FDGB-Tätigkeiten der ersten Jahre kaum von dem früherer Gewerkschaften ab – läßt man die wirtschaftliche Notlage und das Besatzungsregime einmal außer Betracht. Der gewöhnliche Funktionsträger und die Mitgliedschaft verhielten sich wie gewohnt. Die unklare Programmatik bot keinen Anlaß zum Wandel. Dies galt erst recht für die rasch aus dem Boden sprießenden, vom FDGB unabhängigen Betriebsräte. Versuche, sie auszuschalten und durch betriebliche Gewerkschaftsleitungen nach sowjetischem Vorbild zu ersetzen, verliefen 1945 noch im Sande. Die betriebliche Verankerung des zentralistischen Kolosses FDGB bereitete der FDGB-Spitze nicht nur 1945, sondern noch über Jahre hinweg Kopfzerbrechen. Hier rächte sich, daß der FDGB nicht von unten nach oben aufgebaut worden war, sondern um der raschen Entstehung willen von oben her gebildet wurde[6].

Der maßgebliche KPD-Einfluß in der zentralen FDGB-Führung und auch in den im Sommer und Herbst 1945 entstehenden Landes- und Provinzial- sowie den Einzelverbandsvorständen bei gleichzeitiger programmatischer Unbestimmtheit entsprang sowjetischem Kalkül: Diese KPD-Kader konnten in einem noch festzulegenden Moment aus Unverbindlichem Verbindliches machen.

Gründungskongreß – über Konflikte zur Einheit ohne Inhalt

Die demokratische Legitimation des »Vorbereitenden Gewerkschaftsausschusses« als FDGB-Vorstand des Gründungsjahres 1945 war denkbar schwach: Er hatte sich quasi selbst ernannt und war von der SMAD bestätigt worden. Zwar wurden im Juni und Juli zwei Konferenzen in Berlin abgehalten, die ihn bestätigten. Sie waren aber keines-

---

6 Vgl. Ulrich Gill, a. a. O., S. 72–90 und 103–110; hier ist auch der nicht immer reibungslose Prozeß der Umsetzung der »Berliner Linie« in Länder und Provinzen der SBZ sowie FDGB-Einzelverbände dargestellt.

wegs repräsentativ (durch Wahlen zusammengekommen), sondern mehr oder minder nach dem Zufallsprinzip entstanden.

Dessen war man sich im Vorstand bewußt. Überdies hatte er, obwohl man den Anspruch einer ganz Deutschland umfassenden Organisation erhob, formal nur die Zuständigkeit für Berlin. Ein FDGB-Vorstand für die SBZ bestand nicht, auch wenn der Berliner Vorstand dort aktiv war.

So wurde die Initiative zur Abhaltung einer Delegiertenkonferenz ergriffen, zur Einberufung des Gründungskongresses. Der erste Versuch im September 1945 scheiterte an den Westalliierten; sie bemängelten den unausgegorenen Wahlmodus.

Anfang November 1945 legten die Franzosen im Alliierten Kontrollrat ihr Veto gegen die gesamtdeutsche Gewerkschaftseinheit ein, wie sie noch im August 1945 auf der Potsdamer Konferenz vorgezeichnet worden war. Der Traum von der »Reichsorganisation« FDGB war damit zerplatzt – endgültig, was damals niemand ahnen konnte.

Neue Wege waren zu beschreiten. Auf der Tagesordnung stand der sowjetzonale Zusammenschluß. Die Parteien sollten die Sache in die Hand nehmen, wünschte die SMAD: Mitte November waren die KPD- und die SPD-Spitze vorgeladen, um den Auftrag entgegenzunehmen, sich über das Verfahren für die Einberufung des Gründungskongresses zu verständigen. Andere Parteien und parteilose Gewerkschafter sahen sich übergangen. Kurz darauf waren Ausschüsse zur Vorbereitung des Kongresses eingesetzt. Sie veröffentlichten am 5. Dezember den »Entwurf einer Plattform über die Aufgaben und Grundsätze des Freien Deutschen Gewerkschaftsbundes« – vom späteren Gründungskongreß nahezu unverändert übernommen. Jakob Kaiser (CDU), immerhin ein halbes Jahr zuvor FDGB-Gründungsvater und nach wie vor Vorstandsmitglied, hatte davon aus der Presse erfahren.

Die Wahlordnung sah direkte Wahlen *nur auf Betriebsebene* vor. Die im Betrieb gewählten Kreisdelegierten wählten auf der Kreisdelegiertenkonferenz ihrerseits Delegierte für die Landes- oder Provinzkonferenz. Diese wiederum wählten die Teilnehmer des FDGB-Kongresses für die ganze SBZ. Für alle Ebenen galt, daß auf den Kandidatenlisten *die Parteizugehörigkeit nicht vermerkt* werden durfte – vermeintlich eine Methode, um den Parteienstreit aus der Gewerkschaft herauszuhalten.

Freilich waren KPD und SPD längst auf dem Wege, sich den FDGB aufzuteilen: Ihre Spitzenorgane verständigten sich im Dezember 1945 darauf, »daß bei der Aufstellung der Kandidatenlisten keinerlei Streit entsteht, der die Aktionseinheit behindern würde«[7]. Die Listen sollten paritätisch besetzt werden.

Mittlerweile hatte die Besatzungsmacht nach verheerenden Wahlniederlagen der Kommunisten in Ungarn und Österreich ihre Vorstellungen vom SBZ-Parteiensystem gewandelt. Nicht mehr zwei »Arbeiterparteien« sollte es geben, sondern nur noch eine: die dann im April 1946 entstandene SED. Ende 1945 kam die Kampagne zur Vereinigung von KPD und SPD voll in Schwung.

Der FDGB spielte im kommunistischen Kalkül einen gewichtigen Part. Modell und Propagandabühne für die Parteienvereinigung sollte er sein. Dazu mußte die KPD ihren Einfluß zunächst noch weiter verstärken. Die Gewerkschaftswahlen zur Jahreswende 1945/46 boten hierzu eine willkommene Gelegenheit. Die KPD nutzte die Unkenntnis der Delegierten über die Parteizugehörigkeit der Kandidaten, plazierte ihre Leute jeweils auf die geraden Zahlen der paritätisch besetzten Listen und gab die Parole aus:

> »Willst du dich nicht länger quälen, brauchst du nur gerade Zahlen wählen«[8].

Walter Ulbricht höchstpersönlich trieb dazu an, daß auch widerspenstige Kommunisten diesen Vertrauensbruch gegenüber den Sozialdemokraten praktizierten (Dok. 4). Die Folgen der Verständigung zunächst von SPD und KPD und dann der KPD-Wahltaktik spiegeln sich beispielhaft in den Berliner Zahlen wider: Nach den direkten Betriebswahlen hatte die KPD 42 Prozent der Mandate auf den Bezirkskonferenzen inne – schon bemerkenswert; auf der Stadtdelegiertenkonferenz, die am 2. und 3. Februar 1946 auf alliierten Wunsch einen formal unabhängigen Berliner FDGB begründete, waren es schließlich 56 Prozent. Die SPD hatte auch profitieren können, kam aber auf nur rund 40 Prozent der Mandatsträger. Leidtragend waren Christdemokraten und Parteilose: Noch mit ca. 24 Prozent aus den direkten Betriebswahlen hervorgegangen, blieb auf der Stadtkonferenz ein Häuflein von 4 Prozent übrig.

---

7 Erklärung des Zentralkomitees der KPD und des Zentralausschusses der SPD zur Vorbereitung einer Delegiertenkonferenz des Freien Deutschen Gewerkschaftsbundes für die Sowjetische Besatzungszone, in: Dokumente und Materialien zur Geschichte der deutschen Arbeiterbewegung, Reihe III, Band 1, Berlin (Ost) 1959, S. 325.
8 Erich W. Gniffke: Jahre mit Ulbricht, Köln 1966, S. 146.

Vom 9. bis 11. Februar 1946 tagte in Berlin die »Erste Allgemeine Delegiertenkonferenz des Freien Deutschen Gewerkschaftsbundes für das sowjetisch besetzte Gebiet«, der FDGB-Gründungskongreß – eine Veranstaltung ohne Vorbild in Deutschland: eine Gewerkschaftsdelegiertentagung aller Richtungen ohne Konkurrenz nicht nur in ihrem Einzugsgebiet, sondern im gesamten (Rest-)Deutschland. Einmalig auch etwas anderes: Noch nie hatte eine Gewerkschaftstagung dieser Größe eine kommunistische Mehrheit besessen.

Aus dieser einmal errungenen Position handelte die KPD »großherzig«: Auf ihren Vorschlag wurden zu Kongreßbeginn zu den 809 Delegierten, die ihr Mandat durch die Wahlen erhalten hatten, 180 Sozialdemokraten und 30 Christdemokraten als stimmberechtigte Teilnehmer hinzugezogen – unter Demokratiegesichtspunkten ein einerseits durchaus zweifelhafter Vorgang, unterstrich er andererseits jedoch die Maxime des Spannungsabbaus. Konfliktverhinderung bestimmte auch die Vorstandswahl: 19 KPD-, 18 SPD-, 4 CDU-Mitglieder und 4 Parteilose bildeten den ersten regulären FDGB-Vorstand. Zum 1. Vorsitzenden bestimmte der Vorstand Hans Jendretzky (KPD), 2. wurde Bernhard Göring (SPD), 3. Ernst Lemmer (CDU).

Der FDGB-Gründungskongreß – und darin erschöpfte sich nahezu sein Sinn – war *der* Höhepunkt in der Vereinigungskampagne zur SED. Der SPD-Vorsitzende Otto Grotewohl verkündete auf der Veranstaltung den Vereinigungsbeschluß des SPD-Zentralausschusses. Gipfel des Szenarios war eine Resolution des Kongresses:

> »Eine mächtige deutsche sozialistische Einheitspartei wird die selbständige Rolle der Freien Deutschen Gewerkschaften fördern und sie unbesiegbar machen.«[9]

Dennoch lief dieser Kongreß nicht völlig in der später üblichen FDGB-Harmonie ab. Wohl gab es keine Stimmen gegen die Einheitsgewerkschaft, aber doch mancherlei Kritisches zum Charakter des FDGB von CDU-Seite und einer Minderheit von Sozialdemokraten, die vor einer Vereinnahmung durch die KPD warnten.

Gewerkschaftliches kam auf dem Kongreß recht kurz. Man beschloß »Grundsätze und Aufgaben der Freien Deutschen Gewerkschaften«[10], darunter das Einheitsgewerkschaftsprinzip, das Industrieprinzip der Gliederung und diese Ziele:

---

9 Protokoll der Ersten Allgemeinen Delegiertenkonferenz des Freien Deutschen Gewerkschaftsbundes für das sowjetisch besetzte Gebiet, Berlin 1946, S. 231.
10 Ebenda, S. 215–221.

- Säuberung der Betriebe vom Nationalsozialismus, worunter die Entfernung von NSDAP-Mitgliedern aus den Betrieben ebenso fiel wie ein Enteignungskatalog;
- Wiederaufbau der Wirtschaft, wobei zugleich Mitbestimmungsrechte in Betrieb und Wirtschaftsverwaltung durchgesetzt werden sollten;
- Verbesserung der Arbeitsbedingungen;
- Schulungs- und kulturelle Tätigkeiten;
- deutsche Gewerkschaftseinheit.

Daneben beschloß der Kongreß eine »vorläufige Satzung«; sie war derart vorläufig, daß nach dem Kongreß nicht einmal der 2. Vorsitzende Bernhard Göring (SPD, dann SED) und andere führende Funktionäre wußten, ob die Finanzhoheit bei den Einzelverbänden oder beim Bund liegt[11] – eine Kernfrage innergewerkschaftlicher Machtverteilung.

Die SED im Kommen

Nach kaum einem Jahr waren alle außerhalb der künftigen SED stehenden Kräfte in der Gefahr, ins gewerkschaftliche Abseits gedrängt zu werden.

Mit der Vereinigung von KPD und SPD zur SED im April 1946 wurde diese Gefahr greifbarer denn je: Eine einzige Partei, die SED, besaß nun 82 Prozent der FDGB-Vorstandssitze. War sie sich einig, konnte sie fast unkontrolliert den FDGB beherrschen. Aber noch war die SED keine stets einheitlich handelnde Partei nach Stalins Prägung. So stritten ihre Vertreter im FDGB-Bundesvorstand über das Ausmaß der SED-Anbindung, wie ein Vorstandsmitglied berichtete:

> »Sehr bald kam es im Bundesvorstand zu heftigen Meinungsverschiedenheiten über den Weg, den die neue Gewerkschaft gehen sollte. Während wir (eine Gruppe ehemaliger Sozialdemokraten, jetzt SED, U.G.) uns für eine parteipolitisch unabhängige Organisation einsetzten, forderte die Ulbricht-Gruppe das Gegenteil.«[12]

Im Herbst 1946 standen Wahlen in den Ländern und Provinzen der SBZ sowie in Groß-Berlin an. In zentralen Aufrufen, die der FDGB

---

11 Vgl. Jürgen Klein: Bürgerliche Demokraten oder christliche, sozialdemokratische und kommunistische Gewerkschafter Hand in Hand gegen die Arbeiter, Hamburg 1974, S. 280.
12 Adam Wolfram: Es hat sich gelohnt. Der Lebensweg eines Gewerkschafters, Koblenz 1977, S. 81.

erließ und die auch der 3. Vorsitzende Ernst Lemmer (CDU) unterzeichnete, verhielt man sich parteipolitisch neutral. Außerhalb solch offizieller Bekundungen sind FDGB-Spitzenfunktionäre (meist SED) weniger zimperlich zugunsten der SED aufgetreten. In Groß-Berlin, dem einzigen Wahlgebiet, wo die SED gegen die SPD antreten mußte (sie war in der SBZ nach der Zwangsvereinigung verboten), ging sie mit gerade l9,8 Prozent erst nach SPD (48,7 %) und CDU (22,2 %) ins Ziel. Dies führte innergewerkschaftlich zu der berechtigten Frage, ob die SED mit 80 Prozent der Vorstandssitze im Berliner FDGB nicht stark überversorgt sei und Neuwahlen abgehalten werden sollten. Der Berliner FDGB-Vorsitzende (SED, vorher KPD) wies dies als Versuch zurück, den FDGB nach SPD-Wünschen umzugestalten und damit die Überparteilichkeit außer Kraft zu setzen.

Diese war freilich längst von der SED ausgehöhlt worden. Ihr Einfluß im FDGB wuchs stetig – in Schulungsfragen und in der Kaderpolitik waren Kommunisten den anderen, darunter auch Ex-Sozialdemokraten in der SED, hoch überlegen. Im April 1947 tagte der 2. FDGB-Kongreß: Nicht von ungefähr mahnten die CDU- und LDPD-Telegramme zur Überparteilichkeit, während die SED-Vorsitzenden Pieck und Grotewohl versicherten, man werde »auch in Zukunft dem FDGB treu zur Seite stehen«. Denn: »Eure Gegner sind auch unsere Gegner... Hoch die Solidarität!«[13]

Wie Kommunisten von 1945 bis 1947 zunächst die SED erzwangen und darin ihren Einfluß mehrten, so eroberten sie in dieser Zeit auf leisen Sohlen den FDGB von der Spitze her. Die anfangs pluralistische Einheitsgewerkschaft war 1947 noch nicht völlig der SED untertan, befand sich aber spürbar auf dem Wege dorthin. Probleme bereiteten den Kommunisten in der SED dabei nach wie vor die FDGB-Basis und die damit zum Teil identischen Betriebsräte: Sie kommunistisch zu durchsetzen, fehlte der einstigen KPD das Personal.

Durchgesetzt freilich war das kommunistische Verständnis von »Einheitsgewerkschaft«: eine zentralistische Monopolorganisation mit untergeordneten Verbänden – die »Einheitsgewerkschaft« als Kompromiß aller Richtungen geriet aus dem Blickfeld. Der FDGB war kein Bund freier Verbände geworden.

---

13 Protokoll des 2. Kongresses des Freien Deutschen Gewerkschaftsbundes, Berlin 1947, S. 22.

1947 bis 1950: Stalinisierung

»Wir unterstehen der Partei«[1] **– Unterwerfung unter die SED**

Die Rahmenbedingungen wandelten sich ab 1947: Das Ziel der UdSSR, in der Zusammenarbeit mit den Westmächten ihren Einfluß über ganz Deutschland auszudehnen, erwies sich als Illusion. Die Sowjetunion sicherte daraufhin ihren 1945 erworbenen Besitzstand, die eigene Besatzungszone, indem sie dort eine Anpassung an das sowjetische Modell erzwang.

Nach Stalins Ideen hatte sich die SED als Herrschaftspartei zu bemühen, »alle wie immer gearteten parteilosen Organisationen der Arbeiterklasse (vor allem die Gewerkschaften, U. G.) in Hilfsorgane ... zu verwandeln«[2]. Hierzu mußte sich die SED zunächst selbst ändern – es gab noch sozialdemokratischen Einfluß und Reste demokratischer Organisationsprinzipien der alten SPD. Der sowjetische Vertraute Walter Ulbricht betrieb maßgeblich die Umformung der SED in eine »Partei neuen Typus«, eine stalinistische Kaderpartei mit einer auf strengster Parteidisziplin beruhenden Hierarchie und einem allumfassenden Führungsanspruch. Dazu bedurfte es einiger Partei-»Säuberungen«, bei denen Sozialdemokraten und nicht-stalinistische Kommunisten aus der Partei heraus, ins Gefängnis oder zur Flucht gedrängt wurden. Bis 1950 erklärte man die paritätische Besetzung von Führungspositionen zwischen ehemaligen SPD- und KPD-Angehörigen für überflüssig und führte Politbüro und Sekretariat nach KPdSU-Vorbild ein, in denen fast nur noch Kommunisten saßen. Die SED galt fortan als »Vortrupp der Arbeiterklasse«.

---

1 So der stellv. FDGB-Vorsitzende Göring im Herbst 1948, dokumentiert bei Erich Gniffke, a. a. O., S. 347.
2 Josef W. Stalin, Werke, Band 6, Stuttgart 1952, S. 157.

Parallel zur Stalinisierung der SED verlief die Unterordnung des FDGB. Die FDGB-Spitze (weitgehend SED) verwandelte sich im Zuge der Einführung neuer Organisationsprinzipien in der SED zu deren Befehlsempfänger, stellvertretend für den Gesamt-FDGB. Über Fragen des FDGB wurde fortan in den SED-Spitzengremien entschieden. Ein kurz darauf geflüchteter SED-Spitzenfunktionär überlieferte einen Dialog mit dem SED-Vorsitzenden Wilhelm Pieck vom September 1948. Er hatte einen SED-Vorsitzenden für Berlin entdeckt:

> »›Ja, auch an diese Stelle muß ein politisch starker Mann. Dafür ist Hans Jendretzky vorgesehen.‹ – ›Aber der ist doch von den Gewerkschaften zum Zonenvorsitzenden gewählt worden. Soll denn der zweite Vorsitzende Bernhard Göring bis zur Neuwahl allein die Zonenleitung ausüben?‹ – ›Bernhard Göring muß auch verschwinden . . .‹«[3]

So geschah es: Ende Oktober 1948 wurde Jendretzky durch Herbert Warnke ersetzt, einen Kommunisten, der bis zu seinem Tode 1975 FDGB-Chef blieb. Ernst Lemmer, von den Sowjets als CDU-Vorsitzender inzwischen abgesetzt, aber immer noch 3. FDGB-Vorsitzender, zog man nach seiner Aussage zunächst »zu wichtigen Beratungen nicht mehr heran«. Als er sich im November 1948 »verbeten hatte, meinen Namen unter Dokumente zu setzen, ohne mich vorher zu fragen«, wurde er »gar nicht mehr in Anspruch genommen«[4].

Wie in der SED wurde im FDGB der Kampf gegen sozialdemokratischen Einfluß aufgenommen. Mit der Berliner Gewerkschaftsspaltung 1948 und der schrittweisen Auflösung der FDGB-Rechtsschutzabteilungen 1948/49 (in gewisser Hinsicht sozialdemokratische Bastionen) in der SBZ gab es im FDGB keinerlei parteipolitischen Einfluß mehr – außer dem der SED. Der FDGB war »gesäubert«.

Anfang 1949 proklamierte die SED offiziell ihren Führungsanspruch gegenüber dem FDGB. Warnke, als FDGB-Chef gerade drei Monate im Amt, zögerte nicht mit einer Reaktion und forderte sogar »vielleicht eine noch stärkere führende Anleitung von unserer (!) Partei«; diese müßten alle FDGB-Mitglieder als »die Vorhut der Arbeiterklasse, die Mutter aller Siege der Arbeiterschaft, die große Initiatorin des Zweijahresplans anerkennen«[5].

---

3 Erich W. Gniffke, a. a. O., S. 343.
4 Ernst Lemmer, a. a. O., S. 283.
5 Protokoll der 1. Parteikonferenz der Sozialistischen Einheitspartei Deutschlands, Berlin (Ost) 1950, S. 287.

»Wir wissen jetzt, wofür wir arbeiten!«[6] – Produktionssteigerung als neue Hauptaufgabe

Zur Übertragung des sowjetischen Modells auf die SBZ gehörte die zentrale Planwirtschaft: Für die zweite Jahreshälfte 1948 wurde ein Halbjahrplan erstellt, 1949/50 folgte der Zweijahresplan und anschließend bis 1955 der erste Fünfjahrplan.

Grundlage hierfür – Planungsmasse – bildete ein hoher Anteil enteigneter Industrieunternehmen – jetzt als »volkseigene Betriebe« (VEB) bezeichnet. Die neuen Eigentumsverhältnisse nutzte die FDGB-Spitze gemeinsam mit SED und SMAD als Argument, um in der Gewerkschaftsarbeit eine Wende um 180 Grad herbeizuführen: Grundsätzlich gebe es ab sofort eine Übereinstimmung zwischen dem Staat, den in seiner Hand befindlichen Unternehmen und gewerkschaftlichen Interessen. Gemeinsames Ziel sei Produktionssteigerung – ein gewerkschaftlicher Konfliktkurs habe sich in einer »volkseigenen« Ordnung überholt, streiken könne man doch nicht gegen sich selbst.

»Mehr produzieren – gerecht verteilen – besser leben« lautete schon eine Losung des 2. FDGB-Kongresses 1947. Der FDGB sah in der Folge die Anspornung der Arbeiterschaft zu Mehrleistung als Hauptaufgabe an. Sie sollte etwa mittels größerer Lohnunterscheidungen, auch und gerade Akkordlohn (nun beschönigend »Leistungslohn« genannt), erfüllt werden.

Mit rein gewerkschaftlichen Appellen war mehr Leistung kaum zu erreichen – die Besatzungsmacht schritt zur Tat und erließ am 9. Oktober den Befehl Nr. 234 (Dok. 5). Dies war die Wendemarke für den FDGB. Warnke und Jendretzky hatten den Befehl indes mitberaten und die Schlußredaktion gemacht.

Er verwirklichte nahezu mustergültig das Prinzip von Zuckerbrot und Peitsche. Das SED-Organ *Neues Deutschland* veröffentlichte ihn unter dem Titel »Zusätzliches warmes Essen für 1 Million Werktätige«. Allerdings enthielt der Befehl auch ganz andere Dinge: Die SMAD zielte auf die Steigerung der Arbeitsproduktivität und den Kampf gegen Bummelantentum – mit Gewerkschaftshilfe. Neue Betriebsordnungen waren von Staat und Gewerkschaft auszuarbeiten und einzuführen. Stück- und Akkordlohn sollten ausgebaut werden. Urlaub staffelte sich – 12 bis 24 Arbeitstage jährlich – nach der Schwere der Arbeit, wobei

---

6 Walter Ulbricht in *Neues Deutschland* vom 17. April 1948.

Ingenieure und Techniker Schwerstarbeitern gleichgestellt waren. Auch die in ausgewählten Industriezweigen eingeführten Betriebsmahlzeiten wurden in zwei Gruppen zugeteilt. Betriebe, die ihren Plan nicht erfüllten, waren außerdem ganz auszuschließen. Neue (soziale) Leistungen waren stets an Arbeitsplatz und Arbeitsleistung geknüpft – für die betriebliche, überbetriebliche und gewerkschaftliche Solidarität ein schwerer Schlag, den der FDGB auf sowjetisches Geheiß mit ausführte.

In den neuen Betriebsordnungen war strengste Arbeitsdisziplin vorgesehen, etwa das Verbleiben am Arbeitsplatz bei Nichterscheinen der Schichtablösung sowie Sonn- und Feiertagsarbeit, falls betrieblich erforderlich. Ein ausgeklügeltes Belohnungs- und Bestrafungssystem bildete das Kernstück. Für Bummelanten, Verletzer der Arbeitsdisziplin und diejenigen, die ihre Norm nicht erfüllten, wurde überdies eigens eine Richtlinie erlassen, die ihren individuellen Ausschluß vom Betriebsessen vorsah.

Die FDGB-Führung ließ keinen Zweifel daran, daß sie dies alles mittrug (Dok. 6): »Wir wollen und müssen beweisen, daß die demokratisierte Wirtschaft, vor allem die volkseigenen Betriebe den monopolkapitalistischen Formen überlegen ist.« In der »Hebung der Arbeitsproduktivität« sehe »der FDGB die wichtigste Aufgabe in dieser neuen Phase«. Darum »bekämpft jedes Auftreten einer schlechten und ungesunden Arbeitsmoral!«

Zur Unterstützung dieses Ansinnens wurden in den späten vierziger Jahren unter Verantwortung des FDGB die Aktivisten- und die sozialistische Wettbewerbsbewegung ins Leben gerufen. Als diese Initiativen überdurchschnittlicher Leistungsbereitschaft – obgleich die Beteiligung daran materiell einiges bot – nicht recht in Gang kamen, entschloß man sich im Oktober 1948, die Bewegung mittels einer herausragenden Einzeltat anzufachen. Dies war 1935 in der UdSSR mit Alexej Stachanow vorexerziert worden. Der in der SBZ Auserwählte war auch Bergmann: Adolf Hennecke. Nach umfangreicher Optimierung der Arbeitsbedingungen erfüllte er seine Norm mit 387 Prozent. Dank von Betriebs-, Partei- und Gewerkschaftsleitung war ihm gewiß. Eine Propagandawelle zugunsten der »Hennecke-Aktivisten« durchzog die ganze SBZ. Insbesondere die FDGB-Spitze stand in der Verantwortung, galt es doch als gewiß, daß hier die vermeintliche Triebkraft der sozialistischen Wirtschaft, das Eigentümerbewußtsein der Arbeiterschaft, den Anfang nahm. Wettbewerbsresultate und Aktivistenerfolge, so erwies sich weltanschaulich unverbrämt sehr bald, dienten vor allem auch dem FDGB als Rechtfertigung für allgemeine Normenerhöhungen.

Hindernis Betriebsrat – aufgelöst

Zur Wahrnehmung seiner neuen Aufgaben benötigte der FDGB eine gute Verwurzelung in den Betrieben. Die Absichten der Gesamtorganisation mußten nahtlos von Betriebsorganisationen mitgetragen und umgesetzt werden. Vom FDGB unabhängige Betriebsräte waren dafür ungeeignet.

Seit 1945 unternommene Versuche, in den Betrieben Gewerkschaftsorganisationen mit eigenen Betriebsgewerkschaftsleitungen (BGL) zu bilden, waren bis ins Jahr 1948 regelmäßig gescheitert[7]. Die Belegschaften sträubten sich, neben dem bewährten Vertretungsorgan »Betriebsrat« eine zweite, gar konkurrierende Einrichtung zu bilden. Erschwerend für die SED- und FDGB-Vorhaben des Jahres 1948 kam hinzu, daß dort, wo die im FDGB herrschende SED Betriebsratswahlen für sich entscheiden konnte (sie kam etwa 1947 in Berlin auf gerade 35 %), die gewählten Betriebsräte üblicherweise immer noch der alten SPD entstammten – ein für das heraufziehende stalinistische System ganz und gar untragbarer Umstand.

Ab Mai 1948 begann der FDGB ernsthaft mit dem Aufbau von Betriebsgewerkschaftsgruppen. Es habe – so der damalige FDGB-Chef – deren »BGL das führende und der Betriebsrat das ausführende Organ« zu sein, denn ihm war klar, »daß die Betriebsräte nicht in der Lage waren, die notwendige Mobilisierung der Arbeiter und Angestellten für die neuen Aufgaben zu erreichen«[8]. So wurde die kalte Entmachtung der Betriebsräte zu einer Zwangsläufigkeit: Man nahm ihnen zunächst die Mitbestimmungsbefugnis in Produktionsfragen und unterstellte sie kurz darauf in sozialpolitischen Mitbestimmungsrechten der BGL.

Aber noch bestanden Betriebsräte – und hätten im Frühjahr 1948 schon neu gewählt werden müssen. Diese turnusgemäßen Wahlen wurden freilich über das ganze Jahr verschleppt und fanden schließlich in der SBZ gar nicht mehr statt. Der FDGB inszenierte »statt dessen« im September 1948 BGL-Wahlen, die er bewußt verzerrend als »Betriebswahlen« deklarierte. Hierzu waren freilich nicht alle Belegschaftsangehörigen, sondern lediglich die Mitglieder der Monopolorganisation

---

7 Zur Betriebsräteproblematik in der SBZ siehe vor allem die vorzügliche Analyse von Siegfried Suckut: Die Betriebsrätebewegung in der Sowjetisch Besetzten Zone Deutschlands (1945–1948), Frankfurt a. M. 1982.
8 Hans Jendretzky: Der gewerkschaftliche Kampf um Frieden, Einheit und Sozialismus 1945–1948. Aus Reden und Aufsätzen, Berlin (Ost) 1961, S. 63.

FDGB wahlberechtigt. Dennoch fügten diese Gewerkschaftswahlen der ohnehin nicht erfolgsverwöhnten SED- und FDGB-Betriebsarbeit die herbste Enttäuschung hinzu: 85 Prozent der Belegschaften hatten sich 1946 an Betriebsratswahlen beteiligt. Jetzt nahmen z. B. im Land Brandenburg nur 54 Prozent der FDGB-Mitglieder (!) teil, in einigen Großbetrieben der SBZ weniger als die Hälfte, und manche wählten sogar nach wie vor keine BGL. In den Sowjetischen Aktiengesellschaften (SAG), wo faktisch Wahlpflicht bestand – so in Leuna –, gab es bis zu 35 Prozent ungültige Stimmen. In Berlin, wo aufgrund des Viermächtestatus noch Betriebsräte gewählt wurden, erlitten SED und FDGB ein ziemliches Desaster gegen die vom FDGB abgespaltene Unabhängige Gewerkschaftsorganisation (UGO). In der SBZ erteilten ausgerechnet also die eigenen Mitglieder dem FDGB durch Wahlboykott eine Absage, während die Berliner Belegschaften gegen ihn stimmten.

Die FDGB-Führung zog ihre Lehren. Im Herbst 1948 erschienen in der Presse – ganz offenkundig auf Bestellung – Betriebsresolutionen, die die Auflösung der Betriebsräte forderten. In der betrieblichen Wirklichkeit war solch eine Stimmung nicht vorhanden. Gleichwohl berief sich der FDGB in der für die SBZ-Betriebsräte tödlichen Bitterfelder Konferenz vom 25./26. November 1948 darauf und beseitigte »den Dualismus« von BGL und Betriebsrat (Dok. 7). In allen Betrieben, in denen mehr als 80 Prozent der Betriebsangehörigen im FDGB organisiert waren, sollten BGL und Betriebsrat »vereinigt« werden. Angesichts des Sachverhalts, daß der FDGB-Ausweis inzwischen eine Art Voraussetzung für die Beschäftigung in den VEB geworden war, wurde die 80-Prozent-Quote im allgemeinen erreicht. Bald darauf ließ man sie ganz außer acht und »vereinigte« jeden Betriebsrat. In Wahrheit war dies die Zerschlagung der Betriebsräte und ihre Ersetzung durch BGL. Nach eigenem FDGB-Bekunden wurden »nur die fortschrittlichsten Betriebsräte in die Betriebsgewerkschaftsleitungen übernommen«[9] – dies hieß in einer inzwischen stalinistischen Partei- und Staatsgewerkschaft, daß nur Kommunisten und ihnen Ergebene blieben.

Damit hatte der FDGB das für seine neue Aufgabenstellung erforderliche Monopol an der betrieblichen Basis durchgesetzt. Die BGL – anders als ein Betriebsrat – war künftig mit ihren Unterorganisationen

---

9 Durch politische Klarheit zu schnellen Erfolgen der Gewerkschaften. Bitterfelder Zonenkonferenz am 25. und 26. November 1948 (Hrsg.: Bundesvorstand des FDGB), Berlin (Ost), o. J. (1949), S. 43.

der unterste Befehlsempfänger im System des »demokratischen Zentralismus«. Flugs bürgerte sich die Ausarbeitung von BGL-Kandidatenlisten durch übergeordnete Vorstände ein, oder es erfolgte – zum Teil bis in höchste FDGB-Positionen – die Einsetzung ohne Wahl. Der Hervorrufung des von den Kommunisten angeblich angestrebten Eigentümerbewußtseins der Arbeiterschaft kraft ihrer Selbstbestimmung im Sozialismus war dies keinesfalls dienlich; vielmehr waren die Belegschaften der 1949 gegründeten DDR von vornherein und 40 Jahre lang ohne eigene Betriebsvertretung. Die weltanschauliche Behauptung von der Interessenübereinstimmung im Sozialismus brachte es mit sich, daß die BGL stets im selben Boot mit Betriebs- und Parteileitung saß.

»Wie könnt ihr einen Normbrecher feiern . . .« – Die Arbeiterschaft reagiert

Der FDGB-Führung war bekannt, daß die radikale Wende 1947/48 »nicht unbedingt der Wunsch, das augenblickliche Interesse eines Großteils unserer Arbeiter und Angestellten (war). Aber sie entsprach den wirklichen Arbeiterinteressen . . .«[10] In der Tat: Nicht eine Überzeugungsleistung führte zum neuen FDGB, sondern der über die Köpfe der Betroffenen hinweg und skrupellos durchgesetzte Wille der Herrschenden.

Mit der Behauptung, das »Volkseigentum« gehöre ihnen, entzog man den Betriebsangehörigen fundamentale Mitbestimmungsrechte. »Volkseigentum« führte nicht zu mehr, sondern zu weniger Selbstbestimmung und war in Wahrheit immer Staats- bzw. Parteieigentum – dort wurde darüber verfügt.

Schon in den späten vierziger Jahren entstand daher unter den Belegschaften Unmut über die aus dem angeblichen Volkseigentum abgeleiteten Initiativen zur Leistungssteigerung. Dies betraf in besonderem Maße den FDGB als Trägerorganisation.

Im Viermächte-Berlin konnten Spannungen – anders als in der SBZ – offen ausbrechen. Es bildete sich 1948 die »Unabhängige Gewerkschaftsopposition« (UGO) – erst im, dann gegen den FDGB (sie wurde 1950 zum DGB-Landesbezirk Berlin). Ihr »Widerstand richtete sich ge-

---

10 Roland Günther: Einige Erfahrungen aus den Gewerkschaftswahlen, in: *Die Arbeit*, Heft 3/1953, S. 192.

gen die östlichen Aktivistenbewegungen, staatliche Lohnordnungen, Zwangsarbeitsverpflichtungen, klassenmäßige Zuteilung von Lebensmitteln und Textilien sowie gegen die Beseitigung des Betriebsrätewesens«.[11] Der FDGB verlor nach eigenen Angaben ein Drittel seiner Mitglieder u. a. an die UGO, tatsächlich aber wohl nahezu die Hälfte, obgleich im Ostsektor der Stadt mit sowjetischer Hilfe sein Monopol bestehen blieb.

Um Berlin herum, in der SBZ, verhinderte die Besatzungsmacht Spaltungen. Aber Probleme bestanden auch dort[12]:

Erste Schwierigkeiten bereitete die Durchsetzung des neuen Verhältnisses des FDGB zur SED. FDGB-Chef Warnke beklagte 1950 »in den Köpfen vieler unserer Funktionäre und Mitglieder noch ziemliche Unklarheiten über dieses Verhältnis, wobei der Gedanke einer angeblichen ›Neutralität‹ der Gewerkschaften eine besondere Rolle spielt«[13]. Die sich überall ausbreitenden Betriebsparteigruppen untergruben mit ihrer Weisungsbefugnis gegenüber den BGL deren Glaubwürdigkeit.

Gegen die Betriebsrätezerschlagung regte sich sogar auf der sorgsam arrangierten Bitterfelder FDGB-Funktionärskonferenz Widerstand. Nach der Kaltstellung ihrer Vertretungsorgane verharrten Belegschaften in ohnmächtiger Opposition.

Der Befehl Nr. 234 (Dok. 5) kam bei der Arbeiterschaft lange nicht so gut an wie bei der FDGB-Führung. »Akkord ist Mord«, Drohungen, in den Westen zu gehen, und Beschimpfungen als »Arbeiterverräter« waren gängige Entgegnungen auf die Bekanntgabe durch FDGB-Vertreter. Die gruppenbezogene Zuteilung der Mahlzeiten wurde in vielen Betrieben unterlaufen – befehlswidrig gelangte »alles in einen Topf, damit auch die anderen ein Essen bekommen«.

Besonders aber eckte der FDGB als Führer der Aktivistenbewegung an. Sie wurde von Anfang an und zu Recht als Mittel zur Normenerhöhung verdächtigt. Adolf Hennecke, Speerspitze der Initiative, fragte sich fast resignativ, »wann würde von der Mehrheit begriffen werden, daß in einem volkseigenen Betrieb einer, der die Norm überbietet, ein Held der Arbeit ist?« Sein Mißtrauen hatte allen Grund: Nach der Rekordschicht »grüßten ihn (viele) nicht mehr, sahen weg, wenn sie ihn

---

11 Berliner Gewerkschaftsgeschichte von 1945 bis 1950. FDGB, UGO, DGB (Hrsg.: DGB-Landesbezirk Berlin), Berlin (West) 1971, S. 7.
12 Vgl. ausführlich Ulrich Gill, a. a. O., S. 160–168.
13 Protokoll des 3. Kongresses des Freien Deutschen Gewerkschaftsbundes, o. O. 1950, S. 68.

trafen, taten so, als sei er ein Fremder. Auch solche, mit denen er im Gasthof zusammen gesessen hatte, beim Bier und Skat, zogen sich zurück.« Er »erhielt... anonyme Drohbriefe; bei ihm wurden die Fensterscheiben eingeschlagen. Der alte Pkw, ein Adler, den die VVB Steinkohle zur Verfügung gestellt hatte (!)..., wurde beschädigt und anderes mehr. Es war mitunter geradezu lebensgefährlich, Hennecke-Aktivist zu sein«[14], schilderte eine DDR-Quelle. Prompt war auf Henneckes Normüberbietung ein Anruf eines FDGB-Funktionärs aus dem Nachbarschacht erfolgt:

> »Seid ihr denn verrückt geworden? Wie könnt ihr einen Normbrecher engagieren und noch dazu feiern? Das ist gegen jede gewerkschaftliche Tradition!«[15]

Hennecke wurde *nicht* in die BGL gewählt, obwohl es von oben her so gewollt war. Vielen seiner Aktivistenkollegen erging es ähnlich – auch leitenden FDGB-Funktionären wurde auf Delegiertenkonferenzen die Stimme verweigert.

Der FDGB-Apparat hatte das zwischen 1945 und 1947 durchaus erworbene Vertrauen rasch verspielt.

3. Kongreß 1950 – Stalins Gewerkschaft ist perfekt

Im Spätsommer 1950 sandte der 3. FDGB-Kongreß seinen »Dank dem genialen Führer und Lehrer des Weltproletariats, dem genialen Stalin!« Eine Gewerkschaft nach seinem Bilde war der FDGB geworden: Die neue Satzung erblickte in der SED »die Partei der Arbeiterklasse; sie ist ihr bewußter Vortrupp«. Der FDGB sollte »kämpfen für die allseitige Stärkung der DDR«, deren Gründung im Oktober 1949 er bejubelt hatte und an die er u. a. über 10 Prozent der Volkskammersitze gebunden war. Wie die SED waren die DDR-Gewerkschaften jetzt nach Lenins Prinzip des »demokratischen Zentralismus« aufgebaut. Ziel war »die sozialistische Gesellschaftsordnung« und binnen kürzerem, »die Arbeitsproduktivität zu steigern, die Qualität der Erzeugnisse zu verbessern und die Produktionskosten zu senken«. Hierzu organisierten sie »die Aktivisten und Wettbewerbsbewegung...; sie treten für die Schaffung von technisch begründeten Arbeitsnormen (= Normerhöhungen, U.G.) und für die Anwendung des Leistungslohnes (Akkord,

---

14 Horst Barthel: Adolf Hennecke. Beispiel und Vorbild, Berlin (Ost) 1979, S. 4 und 24 ff.
15 Ebenda, S. 23.

U.G.) ein«. Ältere Gewerkschaftsziele wie Verbesserung der Einkommens- und Arbeitsbedingungen tauchten beiläufig als »weitere wesentliche Aufgaben« erst unter Punkt 15 der vom 3. Kongreß beschlossenen Satzung auf. Viel eher führte der FDGB von nun an einen »entschiedenen Kampf gegen . . . das Nurgewerkschaftertum«[16], worunter er vor allem die Schutzaufgaben verstand. Er hatte sich in eine konfliktleugnende, ausschließlich Partei- und Staatsvorgaben befolgende Monopolorganisation verwandelt. Seine Meinung zum kommenden Fünfjahrplan, dessen Symbol über dem Kongreßpodium prangte, lautete daher: »Die Potenzen der Betriebsbelegschaften sind bei weitem noch nicht ausgenutzt.«[17]

---

16 Sämtliche Zitate dieses Kapitels bis hierhin aus: Protokoll des 3. FDGB-Kongresses, a. a. O., S. 27 und 577 ff.
17 Plan des Freien Deutschen Gewerkschaftsbundes zur Entfaltung der Masseninitiative, Berlin (Ost) 1951, S. 8.

1950 bis 1954:
Kursschwankungen und Arbeiteraufstand

Imageverfall und -aufbesserung 1950 bis 1952

Der FDGB verpflichtete sich bedingungslos, die wirtschaftliche Leistungskraft der DDR zu erhöhen. Ausgangspunkt hierfür war der erste Fünfjahrplan (1951–1955), aufgeschlüsselt auf Jahrespläne und Wirtschaftseinheiten, deren kleinste der Betrieb war. Die FDGB-Spitze bezeichnete es als »entscheidende Aufgabe der Gewerkschaften . . ., unsere werktätigen Menschen in den volkseigenen und ihnen gleichgestellten Betrieben zu befähigen, die Aufgaben dieses Planes zu meistern«[1]. Hierzu sollten in loser Folge in den VEB »Produktionsberatungen« unter FDGB-Anleitung stattfinden.

Der Sinn der Aktivistenbewegung kam ans Licht. Deren Bestleistungen wurden zum Bezugspunkt für sämtliche Normen gemacht – jetzt »technisch begründete Arbeitsnormen« (TAN) genannt. Die FDGB-Betriebsorgane standen an vorderster Front bei der Durchsetzung der neuen TAN – beliebt machen konnten sie sich damit nicht.

FDGB-Vorstand und Staat bemühten sich, das alte, nicht auf Planwirtschaft und Planerfüllung abgestellte Tarifvertragswesen zu ersetzen – zunächst durch »Betriebsverträge«. Hiervon wurde 1949/50 kaum Gebrauch gemacht, im Bereich etwa der IG Metall Sachsen gelang nur in knapp 6 Prozent der Betriebe solch ein Vertragsabschluß, in dem man sich auf die Planaufgaben festlegte. 1951 waren daher »Betriebskollektivverträge« (BKV) zu vereinbaren, die Selbstverpflichtungen von Belegschaft und Betriebsleitung enthielten. Als Vertragspartner waren BGL und Betriebsleitung auserkoren. Freilich mußten alle BKV mit der Belegschaft diskutiert und von dieser gebilligt werden. Es war daran gedacht, neue Arbeits- und Lohnformen (darunter die TAN und

---
1 Ebenda, S. 4.

andere materielle Einbußen) von der Arbeiterschaft absegnen zu lassen. Die ursprünglich vorgesehene Abschlußfrist für die BKV mußte mehrfach verlängert werden. Einige BGL fühlten sich – teils sehr zu Recht – vom Belegschaftsvotum unabhängig und schlossen die BKV eigenmächtig am »grünen Tisch« mit der Betriebsleitung ab. Belegschaften verweigerten hierauf ihre Zustimmung – in Leuna, dem größten DDR-Betrieb, dreimal in Folge. Überall in der DDR hatten sogar SED-Journalisten beobachtet, daß mit der BKV-Durchsetzung beauftragte FDGB-Kader »wie verschüchterte Waisenknaben durch den Betrieb schleichen« (Dok. 8). Das SED-Politbüro nahm sich seine Gewerkschaft im November 1951 zur Brust und rügte scharf die »mangelhafte ideologische Arbeit der Gewerkschaftsleitungen. Sie verstanden meistens nicht, die Bedeutung des Kollektivvertrages grundsätzlich zu beleuchten und den Arbeitern den Leistungslohn, die Fragen der Betriebsorganisation und der Arbeitsdisziplin vom grundsätzlichen Standpunkt der Verantwortung der Arbeiterklasse für die volkseigene Wirtschaft . . . zu erklären.«[2]

Der FDGB hatte auf der ganzen Linie versagt – freilich dank der SED, die ihn in die mißliche Lage getrieben hatte, den Belegschaften unzumutbare Selbstverpflichtungen mit einem ideologischen Trommelfeuer abringen zu müssen. Gerade untere FDGB-Funktionäre waren dem Belegschaftswiderstand nicht gewachsen – oder wollten ihm auch gar nicht gewachsen sein . . .

Die Entfremdung zwischen FDGB-Führung und Arbeiterschaft drohte, die Fähigkeiten des FDGB zur Arbeitsanspornung und zum Transport des SED-Willens völlig außer Kraft zu setzen. Je mehr der FDGB mit SED und Staat übereinstimmte, desto ungeeigneter wurde er für deren Zwecke.

Das Ansehen des FDGB war somit aufzupolieren. Man leitete einige Maßnahmen ein, überwiegend aus der Propagandakiste. Im Oktober 1951 erschien im *Neuen Deutschland* ein Artikel des Chefredakteurs, zugleich Politbüromitglied (Dok. 8). Er bekannte sich zu Lenins bislang tabuisierter Einsicht, daß im Sozialismus Konflikte zwischen Arbeiterschaft und staatlichen Beauftragten unvermeidlich seien. Dann müßten Gewerkschaften Arbeiterinteressen verteidigen. Insbesondere kritisierte der Journalist den Demokratiemangel im FDGB, »herzlose Bürokraten« (FDGB-Funktionäre, die Mitgliederwünsche nicht be-

---

2 Dokumente der Sozialistischen Einheitspartei Deutschlands, Band III, Berlin (Ost) 1952, S. 644.

achteten), »Süßholzraspler« (FDGB-Funktionäre, die Probleme verniedlichten und bestritten), »Kommandierer« (FDGB-Funktionäre, die ohne Belegschaftskontakt Normerhöhungen bzw. BKV durchsetzten) und »Brüderchenpolitik« von BGL und Betriebsleitung. So sollte der lädierte FDGB neue Popularität erlangen. Im Nu begann mit den Begriffen eine Pressekampagne, bei der wohl Personen, jedoch nicht das für das Dilemma verantwortliche Gesamtsystem unter Beschuß standen.

Man ersparte dem FDGB 1952 die »BKV-Schlacht«: Lohn- und Arbeitsbedingungen regelte der Gesetzgeber so weitgehend, daß für die BKV nur Unverbindliches übrigblieb. Die FDGB-Tageszeitung erhielt wieder eine arbeitsrechtliche Beilage, den BGL wurden mehr Finanzen an die Hand gegeben. Und schließlich gehörte zur FDGB-Imagepflege 1951/52, die allzu enge Verknüpfung mit der Herrschaftspartei SED nach außen hin zu lockern. Der FDGB-Funktionärkörper war übermäßig von SED-Mitgliedern durchsetzt; das abzubauen, verlangte Anfang 1952 Walter Ulbricht höchstpersönlich. Dem trug der FDGB bei den folgenden Gewerkschaftswahlen Rechnung.

Umbrüche, falls denn gewollt, folgten aus den für den FDGB getroffenen Maßnahmen nicht. Der inzwischen verfestigte betriebliche Beziehungsfilz ließ sich nicht lüften, zumal die Episode der Imageaufbesserung kaum ein Jahr überdauerte.

Kursverhärtung, totaler Vertrauensentzug 1953, Folgen

Im Juli 1952 tagte die II. Parteikonferenz der SED. Die SED riß das Ruder abermals und auch für den FDGB herum – dieses Mal so heftig, daß das Boot DDR mit dem FDGB fast kenterte. Beschlossen wurde der »planmäßige Aufbau des Sozialismus«. Das hieß, Stalins Politik aus der UdSSR nachzuahmen und vehement die Schwerindustrie gegenüber der Konsumgüterindustrie zu bevorzugen. Wettbewerbe und Aktivisten sollten Impulse für die Steigerung der Arbeitsproduktivität geben.

Der Beschluß war unter wirtschaftlichen Schwierigkeiten verkündet worden; seine Verwirklichung sorgte für weitere Engpässe. Zum wirtschaftlichen Niedergang gesellte sich ein hartes politisches Klima – im SED-Wortschatz die »Verschärfung des Klassenkampfes«. Allein im ersten Halbjahr 1953 flüchteten fast eine halbe Million DDR-Bürger gen Westen.

Auch die neue Haltung der FDGB-Führung trug dazu bei. Die SED zog die lockeren Zügel, die sie dem FDGB kurzzeitig gewährt hatte, wieder kräftig an. FDGB-Chef Warnke gelobte, den FDGB dafür einzusetzen, »um die gesamte Arbeiterschaft zu einer Armee der Partei zu machen«[3].

Die Wirtschaftsmisere ließ Lohnanhebungen nicht zu. Der FDGB betrieb das Gegenteil: Normerhöhungen. Doch selbst die SED-Presse mußte den Standpunkt von Arbeitern publizieren, »sie seien nicht so ›wahnsinnig‹, ihre Norm freiwillig zu erhöhen«[4]. Im April 1953 beschloß der Ministerrat erhebliche Abstriche an den Lebensbedingungen der Bevölkerung. Im Mai beschlossen ZK der SED und Regierung eine zwangsweise und allgemeine Normerhöhung um mindestens 10 Prozent. Nachdem erste Unruhen schon im Herbst 1952 aufflackerten, entstanden nun im Frühjahr 1953 weitere, vereinzelte Streiks.

Und der FDGB? Seine Führung ordnete dem Fetisch »Hebung der Arbeitsproduktivität« alles unter. Es versuchten, so Herbert Warnke in einer Rückschau, »viele Gewerkschaftsleitungen und Funktionäre die Losung ›Mehr produzieren – besser leben‹ nur in ihrem ersten Teil zu verwirklichen ... Der Arbeitsschutz erschien in unseren Reden und Entscheidungen nicht in erster Linie als Mittel zur Erhaltung der Gesundheit und des Lebens der Werktätigen, sondern vor allem als ›entscheidende Voraussetzung zur Steigerung der Arbeitsproduktivität und Einsparung von Kosten für die Sozialversicherung‹. Wenn vom Sport gesprochen wurde«, bekannte der FDGB-Chef, »dann ausschließlich von dem Gesichtspunkt, daß durch den Sport die Arbeitsfähigkeit der Werktätigen erhalten und gesteigert werde ... Diese Beispiele lassen sich beliebig vermehren, und zwar für alle Gebiete der Gewerkschaftsarbeit.«[5]

Die Entwicklung steuerte auf den Aufstand zu. Der FDGB hatte auf SED-Wunsch, die beliebig in die Gewerkschaftsarbeit hineinkommandierte, jegliche Art direkter Interessenvertretung der Beschäftigten zu den Akten gelegt. Aber nicht nur allgemein war er Mitverursacher der Juni-Erhebung 1953, er gab auch den konkreten Anstoß:

---

3 Protokoll der II. Parteikonferenz der Sozialistischen Einheitspartei Deutschlands, Berlin (Ost) 1952, S. 263.
4 *Neues Deutschland* vom 22. April 1953.
5 Herbert Warnke: Die Gewerkschaften und der neue Kurs, Berlin (Ost) 1953, S. 12 und 129f.

Am 9. Juni – zu spät – wich das SED-Politbüro auf Druck der neuen Sowjetführung (Stalin war im März gestorben) vom harten Kurs ab und machte die April-Beschlüsse rückgängig. Zum Kernproblem Normerhöhung schwieg die SED-Spitze indes. Die Klärung dieser Frage fiel dem FDGB zu – am 16. Juni erklärte seine Tageszeitung die Normbeschlüsse für uneingeschränkt richtig und gültig (Dok. 9).

Das war der Auslöser des Arbeiteraufstandes. Er begann, nachdem ein BGL-Mitglied in der Ost-Berliner Stalinallee diesen Artikel den dortigen Bauarbeitern verlesen hatte und sie damit zur Arbeitsniederlegung und zu einem Demonstrationszug zum Ministerrat provozierte. Diesem Zug schlossen sich spontan Tausende Bürger an. Ein Minister verkündete der Versammlung, der Normbeschluß sei zurückgenommen. Das verbreiteten am nächsten Tag auch die DDR-Zeitungen. Doch inzwischen hatte sich die Streikbewegung auf Ost-Berlin und nahezu die gesamte DDR ausgeweitet. Hunderttausende Arbeiter bildeten das Rückgrat des Aufstandes. An mehr als 250 Orten fanden nach offiziellen Angaben Streiks statt, doch eine Koordination bestand nicht. Vor allem die industriellen Zentren der DDR befanden sich im Ausstand (Dok. 10). Anfangs konzentrierten sich die Forderungen auf die Normfrage, um später auch den Rücktritt der Regierung, freie Wahlen und die deutsche Einheit einzubeziehen. SED-Führung und DDR-Ministerrat waren der Erhebung nicht gewachsen. So wurde der Aufstand am 17. Juni 1953 ab 13 Uhr mittels sowjetischen Truppeneinsatzes und der Verhängung des Ausnahmezustandes über fast das ganze DDR-Gebiet unterdrückt. Offiziell fanden mehr als 20 Personen den Tod, in Wahrheit waren es wohl Hunderte.

Der FDGB kam während der Ereignisse in doppelte Bedrängnis: Einerseits offenbarte sich besonders auf der Mitglieder- und unteren Funktionärsebene, daß gewerkschaftliche Schutzaufgaben und Konfliktbereitschaft nicht in Vergessenheit geraten waren. Oftmals solidarisierte man sich mit den Streikenden. Nicht nur fast alle Mitglieder kündigten der FDGB-Führung die Treue, auch die Funktionärsbasis bröckelte zur Opposition ab. Dies reichte bis in Verbands- und Bezirksvorstände.

Andererseits und hauptsächlich mündete der Aufstand in Arbeiteraktionen gegen den FDGB – gegen dessen »Bonzen«, gegen FDGB-Häuser, -Ferienheime, -Schulen, die gestürmt wurden, gegen FDGB-Betriebsorgane. Selbst im *Neuen Deutschland* war anschließend nachzulesen, warum Arbeiter ihre Sache allein in die Hand nahmen:

»Was haben wir schon am FDGB? Wir müssen unsere Interessen doch selber vertreten.«[6]

Das Ansehen der DDR-Gewerkschaften bei der Arbeiterschaft war 1953 auf dem Nullpunkt; dort blieb es bis zum Ende.

Wäre nicht Ulbrichts Fraktion aus den Machtkämpfen an der SED-Spitze nach dem 17. Juni 1953 als Sieger hervorgegangen (hierbei verlor auch der ehemalige FDGB-Vorsitzende Jendretzky sein ZK-Mandat), hätte der gesamte FDGB-Bundesvorstand abdanken müssen – die unterlegene Gruppe betrieb seine Absetzung. So jedoch erfuhr der FDGB nach dem größten Versagen seiner Geschichte paradoxerweise eine Aufwertung – symbolisiert durch Herbert Warnkes Aufstieg zum Politbüro-Kandidaten.

Sowie die Sowjets die Erhebung niedergeschlagen hatten, kam es allgemein- wie gewerkschaftspolitisch zu einer Doppelstrategie: hier Beschwichtigungs-, dort Strafmaßnahmen.

Die SED gestattete der FDGB-Führung, nun plötzlich mögliche Lohn- und Rentenerhöhungen, Wohnungsbauprogramme und manch andere Sozialtat öffentlich als Ergebnis von FDGB-Vorschlägen zu reklamieren. Der FDGB präsentierte sich in den Wochen und Monaten nach dem 17. Juni als Organisation, die auf höchster Ebene mit Erfolg für eine gerechtere Verteilung des Volksvermögens eintrat.

Er bot öffentlich an, Sammelbecken für Kritik zu sein und sich künftig konfliktwilliger zu geben. Aber das legte sich bald.

Vermehrt trat er im Gewande eines auf eigenen Füßen stehenden Leistungsanbieters auf. Insbesondere sein seit 1947 bestehender Feriendienst bot sich an: Die Preise wurden gesenkt und die Anzahl der Reisen wurde auf über 600 000 für 1954 erhöht. Auch in anderen Bereichen des umfangreichen gewerkschaftlichen Sozial- und Kulturangebotes faßte man Verbesserungen ins Auge. Dieses Angebotsnetz diente nebenher als Druckmittel, Austrittswillige zum Bleiben zu veranlassen: Es gab für den einzelnen keine Alternative. Bis 1989 war dies stets das Hauptargument für die FDGB-Mitgliedschaft.

Neben all diesen Besänftigungsbemühungen der FDGB-Führung gab es auch die andere Seite der Doppelstrategie: die Bestrafung. Massiv trat man dafür ein, die Anführer des 17. Juni rigoros zu verfolgen (es gab – mindestens – 22 vollstreckte Todesurteile und 1 400 Zuchthaus-

---

6 *Neues Deutschland* vom 3. Juli 1953.

strafen). Der SED-Sprachregelung, daß die Ereignisse 1953 weder ein Streik noch ein Aufstand, sondern ein vom Westen her geplanter »faschistischer Putsch« gewesen seien, schloß sich der FDGB an.

Ohnehin erlangte er die alte Selbstgefälligkeit rasch wieder. Verwundern konnte dies nicht: Zwar beruhte sein Monopol ganz offenkundig nicht auf freiwilliger Loyalität der Mitglieder, sondern auf brachialer Gewalt – aber er überstand die Geschehnisse eher noch gefestigt. Die Doppelstrategie verpuffte zusehends: Beschwichtigung konnte enden, sobald die Ruhe wiederhergestellt war – dies gelang dadurch, daß von Verfolgung Bedrohte flüchteten und Zurückgebliebene durch den Fehlschlag auf Jahrzehnte hinaus ernüchtert verzagten; Strafmaßnahmen erübrigten sich daher bald.

Am Glauben der FDGB-Führung, daß im Sozialismus Interessenübereinstimmung bestehe, konnte der Aufstand offenbar nicht rühren – in einer Verlautbarung vom Dezember 1953 liest sich das so:

> »Wer in einem volkseigenen Betrieb streikt, schnürt sich selbst die Kehle zu, kämpft gegen seine eigene Klasse ... Wer in unserer volkseigenen Wirtschaft zum Streik aufruft, ist also ein Verbrecher an der Arbeiterklasse und der gesamten Bevölkerung.«[7]

Im Laufe des Jahres 1954 nahmen die gewerkschaftlichen Verhältnisse in der DDR eine Gestalt an, die sich von derjenigen vor dem Aufstand so gut wie gar nicht unterschied.

---

7 *Die Arbeit*, Heft 12/1953, S. 902.

1955 bis 1961:
Gewöhnung

Ideologie statt Interessenvertretung

Der 4. und 5. FDGB-Kongreß (1955/1959) setzten die FDGB-Politik fort, als sei kaum etwas vorgefallen. Die Unterordnung unter die SED wurde zementiert. In deren Politbüro rückte 1958 als Vollmitglied FDGB-Chef Warnke auf. Die positive Haltung zur DDR, der die FDGB-Führung inzwischen »sozialistische Errungenschaften« beimaß, überschritt alle Maßen.

Parallel dazu verlief eine Aufwertung des FDGB und seine Einbeziehung in das DDR-Herrschaftssystem. 1955 verlieh ihm der Staat erstmals den Karl-Marx-Orden, die höchste DDR-Auszeichnung, und 1956 übertrug er dem FDGB die Gesamtleitung und -verantwortung für die Sozialversicherung. 1961 goß ein neues »Gesetzbuch der Arbeit« das ohnehin bestehende betriebliche und überbetriebliche Alleinvertretungsrecht des FDGB für *alle* Beschäftigten in Rechtsform[1].

Der FDGB dankte es Partei und Staat, indem er sich nach wie vor voll auf die Hebung der ökonomischen Leistungsfähigkeit der DDR konzentrierte. Zentral angewiesene Wettbewerbe und die neu aktivierte Neuererbewegung, mit der kraft der Entwicklung neuer Arbeitsmethoden (bzw. der Nachahmung sowjetischer Vorbilder) die Produktivität erhöht werden sollte, dienten diesem Ziel. Der FDGB bekannte sich in der zweiten Hälfte der fünfziger Jahre zaghaft dazu, daß hierfür materielle Anreize gegeben werden müßten.

Dies widersprach freilich dem Prinzip des angeblich von selbst sprießenden sozialistischen Aufbauenthusiasmus. Ihn gab es – ein Jahrzehnt nach Hennecke – immer noch nicht.

---

[1] Vgl. zu dessen – meist verschwommenen – Inhalten Ulrich Gill, a. a. O., S. 222–227.

Doch ihn zu wecken, gab sich der FDGB jetzt alle (vergebliche) Mühe. Arbeit war ab 1955 seiner Satzung nach »Sache der Ehre, des Ruhmes und des Heldentums«[2]. Walter Ulbricht verkündete 1958, wie einst im Alten Testament, »10 Gebote der sozialistischen Moral« (Dok. 11), z. B.:

>»Du sollst nach Verbesserung Deiner Leistung streben, sparsam sein und die sozialistische Arbeitsdisziplin festigen.«

Die FDGB-Spitze begrüßte die Verhaltensmaßregeln wärmstens und ließ eigens bei jeder BGL eine Kommission für Agitation und Propaganda einrichten. 1959 wurde dann die Bewegung »sozialistisch arbeiten, lernen und leben« begründet. Deren »Brigaden der sozialistischen Arbeit«, in denen schon Ende 1959 700 000 DDR-Bürger tätig waren, sollten »kleinbürgerlichen Individualismus« mittels »sozialistischer Erziehung im Kollektiv« überwinden.

Den FDGB-Mitgliedern waren freilich die im selben Atemzuge propagierten materiellen Anreize wichtiger.

Enthüllte Mitbestimmungsmängel und apathische Mitglieder

1956 war das Krisenjahr des Ostblocks. Die DDR-Führung nahm an, polnische und ungarische Verhältnisse könnten auf ihr Gebiet übergreifen, und bot neue betriebliche Beteiligungsformen an.

Ulbricht selbst gestand im November 1956 ein, daß DDR-Belegschaften zu wenig Mitspracherechte im Betrieb besaßen. »Arbeiterkomitees« sollten für Abhilfe sorgen. Das ZK der SED beschloß ihre Einrichtung. Nur schwammig beschrieb es deren Rechte, doch wurde deutlich, daß sie diejenigen einer BGL bei weitem übertrafen. Überdies sollten die Komitees von der *Belegschaft* in Urwahl gewählt werden, und die Kandidatenliste sollte mehr Personen umfassen, als ins Komitee zu wählen waren – für DDR-Verhältnisse sensationell. Ungeklärt blieb im ZK-Entwurf die Beziehung des Komitees zum (nach wie vor von oben eingesetzten?) Einzelleiter des Betriebs und zu den betrieblichen FDGB-Organen. Offenbar jedoch, da im ZK-Konzept fast unerwähnt, nahm man den zwangsläufigen Einflußverlust des FDGB in Kauf.

Klarer in der Kritik bestehender Zustände und in der Kompetenzbeschreibung der »Arbeiterkomitees« wurde im Dezember die SED-

---

[2] Protokoll der Verhandlungen des 4. FDGB-Kongresses, Berlin (Ost), o. J. (1955), 563.

Zeitschrift *Einheit* (Dok. 12): Sie verdeutlichte, »daß wir in den Betrieben noch nicht jene Formen der Einflußnahme der Arbeiterklasse entwickelt haben, die ihrer Rolle in unserer Gesellschaft entsprechen und die den Arbeitern ihre neue Stellung im Betrieb unmittelbar durch die eigene Erfahrung bewußt werden lassen«. Entscheidungsstrukturen in DDR-Betrieben stellten sich so dar, daß zwar aus der Arbeiterschaft Vorschläge zur Planerstellung und -durchführung gemacht werden könnten, über deren Verwirklichung aber nicht die Arbeiter selbst entschieden. Es werde »der Plan ja auch ohne Zustimmung der Belegschaft wirksam« und daher gebe es »kein wirkliches Entscheidungsrecht der Arbeiter und Angestellten und der Ingenieure über das Geschehen im Betrieb und seine Entwicklung«. Dies waren stramme Seitenhiebe gegen den FDGB.

So lehnte die *Einheit* es ab, neue Rechte einfach bestehenden FDGB-Einrichtungen zu übertragen – das »würde sie von ihren ureigensten Aufgaben ablenken«. Erwartet wurde eine Zusammenarbeit zwischen Gewerkschaft und »Arbeiterkomitee«, »denn dieses wird vielfach auch über die Behandlung und Einführung der Vorschläge zu entscheiden haben, die von den Gewerkschaftsgruppen, von der Betriebsgewerkschaftsleitung, in Produktionsberatungen usw. zu Fragen der Produktion gemacht wurden« – eine empfindliche Beschneidung der betrieblichen Stellung des FDGB. Er wäre Berater des Komitees geworden, das – selbst kein FDGB-, sondern ein Belegschaftsorgan – der eigentliche Entscheidungsträger der Betriebsangehörigen in Fragen der Betriebsführung sein sollte.

Das Prinzip der Ernennung des Einzelleiters von oben tastete die *Einheit* nicht an, doch sollten Leiter in ihrer Arbeit des Vertrauens des »Arbeiterkomitees« bedürfen. Dies hätte zu beschließen gehabt über den Betriebsplan, Perspektiven, Investitionen, Kreditaufnahme, Normgrundsätze, Lohngruppen und Gewinnverteilung sowie auch in wichtigen Personalfragen mitwirken können – Rechte, von denen FDGB-Organe zeit ihres Bestehens nur träumen konnten. Arbeiter sollten sich betätigen »als Eigentümer, als Herren unserer sozialistischen Betriebe. Der große Prozeß der Demokratisierung unseres gesellschaftlichen Lebens darf an dieser Frage nicht vorbeigehen.«

Die DDR-Entwicklung ging daran vorbei. Mit dem Ende der Ostblockkrise verlor die SED das Interesse gegenzusteuern. Die wenigen Pilotkomitees wurden im Laufe des Jahres 1957 ausgetrocknet. Interessant blieb hieran, daß die SED willens gewesen war, »ihren« FDGB erbarmungslos fallenzulassen.

Man besann sich bald des FDGB und gab vor, seine Rechte auszubauen, etwa über »Ständige Produktionsberatungen«. Seit 1959 traten diese FDGB-Organe in den Betrieben alle sechs bis acht Wochen zusammen, um – wie gehabt – über die Durchführung anderweitig getroffener Entscheidungen zu beraten. Alleiniges Ziel war Produktivitätssteigerung. Es handelte sich nicht um Mitbestimmungserweiterung, sondern um ein neues Etikett.

Und die FDGB-Mitglieder? Es gab 1959 über 6 Millionen, was den ungemein hohen Organisationsgrad von 91,7 Prozent ergab. War der FDGB akzeptiert? Mitgliedschaftsmotive sind zu hinterfragen:

Eine DDR-Betriebszeitung schilderte Ende 1959 mustergültig den Versuch, einen nicht Organisierten für den FDGB zu werben; er erwiderte, »von dieser Organisation habe er nichts und demzufolge würde er sein Geld dafür nicht hinschmeißen«. Die BGL rief eine Gewerkschaftsversammlung ein. Dort brachte man die »Empörung darüber zum Ausdruck . . ., daß sich so ein Element in einem volkseigenen Betrieb überhaupt so lange halten konnte«, und der betroffene Arbeiter »wurde sofort aus dem Betrieb entfernt«[3]. Der – nicht immer so offen ausgeübte – Druck zum FDGB-Beitritt war gewaltig. Es war ein hohes persönliches Risiko, nicht im FDGB zu sein.

Daneben war es auch sinnvoll, wegen der vom FDGB offerierten Leistungen dort organisiert zu sein. Geflüchtete Industriearbeiter bezeichneten 1960 zu 75 Prozent Sozialleistungen wie Gesundheitsbetreuung, Feriendienst und Freizeitgestaltung als maßgeblich für den FDGB, während nur 3 Prozent erklärten, bei Arbeitskonflikten Hilfe von ihm erwarten zu können.[4]

Die DDR-Arbeiterschaft erkannte ohne jegliche Begeisterung die Notwendigkeit an, im FDGB organisiert zu sein. Mit ihrer Beitragsmoral stand es freilich nicht zum Besten. Nach den Rechenschaftsberichten des FDGB-Vorstandes aus dieser Zeit zahlte man häufig einfach gar nicht oder benutzte mancherlei Tricks, Beitragszahlungen zu umgehen oder nach unten zu manipulieren[5] – ein typisches Anzeichen für widerwilliges Einfügen in eine ungeliebte Gewerkschaft.

---

[3] *Das Schwungrad* (Betriebszeitung des VEB Schwermaschinenbau »Heinrich Rau«, Wildau), zitiert nach: Otto Stolz: Sozialistische Errungenschaften für den Arbeiter? Bonn und Berlin (West) 1960, S. 48 f.
[4] Vgl. Viggo Graf Blücher: Industriearbeiterschaft in der Sowjetzone, Stuttgart 1959, S. 51.
[5] Vgl. Protokoll des 4. FDGB-Kongresses, a. a. O., S. 96, und *Die Arbeit*, Heft 12/1959, S. 26.

1961 bis 1970:
Im Wechselbad wirtschaftlicher SED-Experimente

»Neues Ökonomisches System der Planung und Leitung« (NÖSPL) – der Stern des FDGB sinkt weiter

Am 13. August 1961 riegelte die DDR-Führung die Sektorengrenze zwischen Ost- und West-Berlin ab. Das unterband die gewaltige Fluchtbewegung für die nächsten 28 Jahre. Im Schatten der Mauer konnte die SED Versuche unternehmen, die kranke DDR-Wirtschaft auf eine gesündere Grundlage zu stellen. Nach einiger Vorbereitung verkündete der VI. SED-Parteitag im Januar 1963 das »Neue Ökonomische System der Planung und Leitung« (NÖSPL). Das NÖSPL brachte eine Fülle von Neuregelungen. Kernpunkte waren:

- die Verwissenschaftlichung des Wirtschaftsplanungs- und -leitungssystems (das bedeutete eine Erweiterung des Spielraums für Wissenschaftler, Techniker, Ingenieure und vor allem Wirtschaftsexperten, um deren Kenntnisse einer rentableren Wirtschaft zugute kommen zu lassen);

- die Ankündigung eines geschlossenen Systems »ökonomischer Hebel« (hiermit sollte die verwaltungsmäßige Wirtschaftsleitung durch eine bewußt gesteuerte Selbstregulierung der Wirtschaft ersetzt werden; es sollte zweierlei solcher »Hebel« geben: diejenigen der wirtschaftlichen Rechnungsführung wie Selbstkosten, Preise, Umsatz und Gewinn sowie die – für den FDGB interessanteren – des persönlichen materiellen Interesses wie Lohn und Prämie);

- ein gewisser Abbau der zentralen Planwirtschaft, um mehr Entscheidungsfreiheiten und Flexibilität auf der mittleren Leitungsebene zu ermöglichen (dort stärkte man die Vereinigungen Volkseigener Betriebe VVB, sozialistische »Konzerne« mit Generaldirektoren an ihrer Spitze).

Was verhieß diese gewiß nicht unkomplizierte Wirtschaftsreform dem FDGB? Scheinbar und vordergründig gute Chancen, mittels der zu »ökonomischen Hebeln« beförderten Faktoren Lohn und Prämie die Gewerkschaftsarbeit zu erneuern. Im neuen SED-Parteiprogramm von 1963 hieß es:

> »Alles, was der Gesellschaft nützt, muß auch für den Betrieb und für den einzelnen Werktätigen vorteilhaft sein.«[1]

Dies war ein Angebot an den FDGB. Er nahm sich jetzt vor, nicht nur anzuspornen, sondern darüber zu wachen, daß die Früchte der Arbeit unmittelbarer und rascher den Arbeitenden zugute kamen.

Daß dies mißlang, lag ebenso an den Zielen des NÖSPL wie an den dadurch hervorgerufenen Strukturen.

Zu den Zielen: Das NÖSPL war kein Programm der Demokratisierung, sondern des wirtschaftlichen Aufbaus. Die weitaus bedeutsamste Aufgabe des FDGB unter dem NÖSPL blieb daher wirtschaftlicher Natur. Diese Erstaufgabe, nach deren Erfüllung erst materielle Verbesserungen wirksam werden sollten, ließ die Wachsamkeit über den tatsächlichen Eintritt dieser Folgen zunehmend in den Hintergrund treten. Der FDGB kümmerte sich – so auf einer »Theoretischen Konferenz« 1965 – vorwiegend wieder einmal um neue Normen. Dies war berechenbar; Verbesserungen der Arbeits- und Lebensbedingungen aber waren entweder nicht berechenbar oder schlugen in den Augen der machtvoller gewordenen Wirtschaftsleiter sogar auf der Kostenseite zu Buche. Berechenbarkeit und Rentabilität hatten im NÖSPL unbedingten Vorrang.

Zu den Strukturen: Nicht FDGB und Arbeiterschaft profitierten vom NÖSPL, sondern in erster Linie Wirtschaftsexperten und in zweiter Linie wissenschaftlich-technische Spezialisten. Diese Personenkreise bauten ihre Position zu Lasten anderer Betriebsangehöriger betrieblich wie überbetrieblich systematisch aus. FDGB-Funktionäre waren diesen neuen Betriebseliten in den seltensten Fällen auch nur annähernd von der Qualifikation her gewachsen. Sie sahen sich – trotz des Bemühens um Weiterbildung – gerade einmal in der Lage, »zu Dokumenten der staatlichen Leiter, die das Leben und die Stellung der Werktätigen im Industriezweig maßgeblich beeinflussen, im Nachtrab eine Meinung zu äußern«[2], klagte 1965 der Vorsitzende eines VVB-Gewerkschaftskomi-

---

1 Programm der Sozialistischen Einheitspartei Deutschlands, Berlin (Ost) 1963, S. 41.
2 Technische Revolution und Gewerkschaften, Berlin (Ost) 1966, S. 271.

tees (mit diesen Einrichtungen hatte der FDGB die Verlagerung von Rechten auf die mittlere Leitungsebene nachvollzogen). In die Vorbereitung von Entscheidungen wurden Gewerkschafter gar nicht einbezogen. Diese Ausschaltung des FDGB entsprach durchaus den Absichten des NÖSPL. Inkompetent wahrgenommene Mitspracherechte, die die einheitliche Wirtschaftsleitung stören konnten, paßten dort nicht hinein. Walter Ulbricht selbst machte klar, daß »der Verantwortungsbereich der Generaldirektoren der VVB nicht eingeschränkt wird. Es ist besser, eine falsche Entscheidung des Generaldirektors hinzunehmen und ihn zu veranlassen, sie nachträglich zu ändern, als ihm das Recht zur Entscheidung von vornherein zu beschneiden.«[3]

Die FDGB-Führung nahm dies hin. Zu der Einsicht Lenins, daß zwischen den – jetzt von der SED ausdrücklich auf Gewinn orientierten – Betriebsleitungen und den Belegschaften Interessengegensätze auftauchen mußten, rang sie sich nicht durch.

Dies lag weniger am FDGB selbst als an den von Walter Ulbricht in seinem letzten Herrschaftsjahrzehnt geprägten weltanschaulichen Vorgaben. Ulbrichts SED wähnte sich auf dem Wege in eine harmonische Gesellschaft (die »sozialistische Menschengemeinschaft«), zu der wie selbstverständlich vollkommen harmonische Betriebsgemeinschaften gehörten. Seinen konkreten Niederschlag fand dies in den 1963/64 in allen 160 Großbetrieben eingerichteten »Produktionskomitees«. In den VVB gab es ab 1966 dementsprechende »Gesellschaftliche Räte«. Diese Einrichtungen waren ein Versuch, der SED unter NÖSPL-Bedingungen einen angemessenen Einfluß auf das betriebliche Geschehen zu wahren. Es versammelten sich darin – so die Gesetzesnorm – »die qualifiziertesten Arbeiter, Ingenieure, Ökonomen, Wissenschaftler und leitenden Kader sowie die Vertreter der gesellschaftlichen Organisationen« (darunter des FDGB). Die bis zu 25 Personen umfassenden »Produktionskomitees« waren ein der SED ergebenes betriebliches Elitegremium, den Vorsitz führte der Betriebsparteisekretär. Dem FDGB war darin gerade ein Platz garantiert.

Doch die Aufgabenstellung der Komitees überschnitt sich in mancherlei Hinsicht mit FDGB-eigenen oder von ihm angeleiteten Betriebsorganen. Diese wurden daher praktisch entbehrlich. Und in der Tat stellten »Ständige Produktionsberatungen« des FDGB vielerorts ihre Tä-

---

[3] Walter Ulbricht: Zum neuen ökonomischen System der Planung und Leitung, Berlin (Ost) 1967, S. 418.

tigkeit ein. Auch zahlreiche BGL standen fortan im Schatten der »Produktionskomitees«.

Das ohnehin geringe gewerkschaftliche Mitwirkungsvermögen verminderte sich bis 1965 abermals auf allen Ebenen. Das NÖSPL war das Bemühen der SED, alle Beschäftigten an einer hohen Planerfüllung zu interessieren, ohne ihnen – außer einer kleineren Elite – irgendwelche Einwirkungsmöglichkeiten zu bieten. Der FDGB gehörte der Elite nicht an.

Aushöhlung des NÖSPL – propagandistischer Raumgewinn des FDGB

Das NÖSPL brachte der DDR erstmals Ansätze einer wirtschaftlichen Festigung. Doch aus zwei Gründen bewirkte die SED ab Mitte der sechziger Jahre eine Reform der Reform:

Zum einen entglitt der Partei allmählich die Kontrolle über wirtschaftliche Vorgänge. Mangels hochqualifizierter Experten innerhalb der SED mußten nicht selten parteilose Wirtschaftsfachleute eingesetzt werden. Sie unterlagen nicht der Parteidisziplin. Daneben befolgten auch SED-Ökonomen mit dem Hinweis auf wirtschaftliche Erfordernisse nicht mehr bedingungslos die zentralen Parteiweisungen.

Zum anderen traten Konflikte zwischen dem Zentralstaat und den mehr und mehr auf Eigenständigkeit pochenden Industriezweigen auf, den VVB. Im Zuständigkeitsgerangel scheiterte die Aufstellung eines volkswirtschaftlichen Perspektivplanes ab 1966. Eine heilige Kuh des SED-Sozialismus, die gesamtstaatliche Planung, geriet arg in Gefahr.

Ab Dezember 1965 betrieb die SED deshalb eine »zweite Etappe« des NÖSPL, in Wirklichkeit dessen Abbau. Befugnisse verlagerten sich von der mittleren auf die zentrale Leitungsebene zurück; die Generaldirektoren der VVB sahen sich nicht mehr dem Volkswirtschaftsrat unterstellt, worin sie selbst entscheidenden Einfluß hatten, sondern den neuen Industrieministern. Der Volkswirtschaftsrat verschwand ganz.

Andere Elemente des NÖSPL, wie das Optimierungsprinzip und die materiellen Anreize, blieben unterdessen bestehen – aber unter Ministerkontrolle. Das unreife Geflecht von zentraler Planung und Eigenverantwortung führte die DDR zum Ende der Herrschaft Ulbrichts in eine schwere Strukturkrise. Manche bevorzugte Branchen blieben ungenutzt, weil die Energie- und Zulieferindustrie vernachlässigt waren.

Der Mitte des Jahrzehnts begonnene Umschwung betraf auch den FDGB. Besonders bei der Eindämmung des Einflusses der Wirtschaftsexperten konnte die Einheitsgewerkschaft die SED unterstützen. Chancen sah die SED vor allem in »Produktionskomitees«/»Gesellschaftlichen Räten« und betrieblichen sowie überbetrieblichen FDGB-Organen. Sie konnten die beabsichtigte Kontrolle der wirtschaftlichen Führungskräfte von oben durch eine Kontrolle von unten ergänzen. VEB- und VVB-Leitungen sollten in die Zange genommen werden.

Die SED wertete den FDGB propagandistisch auf und ermunterte seine Funktionäre zum Einschreiten, wenn sich Betriebsleitungen zur Rentabilitätserhaltung gegen Verbesserungen der Arbeitsbedingungen sträubten oder Sozialleistungen abbauten. Daraus ergaben sich gewerkschaftsinterne Zwischenrufe, die auf Interessengegensätze zwischen Betriebsleitungen und -belegschaften hindeuteten. Ein Diskutant regte auf einer »Theoretischen Konferenz« des FDGB 1969 an, daß FDGB-Organe »gegenüber Leitern, die auf sozialem Gebiet dem gesellschaftlichen Interesse zuwiderlaufende Entscheidungen treffen (z. B. aus betriebsegoistischen Motiven) ihre Auffassungen durchsetzen ... oder bei Verletzung gesetzlicher Normen bewirken, daß diese Leiter zur Verantwortung gezogen werden«. Für ihn war klar, daß es sich »nicht ausschließt, daß es auch Widersprüche zwischen dem Standpunkt der Gewerkschaften und sozialpolitischen Entscheidungen einzelner Leiter gibt«[4]. Dies waren im FDGB unübliche, kämpferische Töne. Sofort erfolgte eine Gegenrede, die darin gipfelte, daß »Sozialpolitik unseres Erachtens identisch ist mit der Politik unseres Staates, mit der Politik zur Schaffung der sozialistischen Menschengemeinschaft«. Daher könne es »keine betriebliche Sozialpolitik geben«[5] – auch kein Einschreiten des FDGB.

Genau diese harmonistische Weltanschauung Ulbrichts war es, die den FDGB hinderte, den reichlich vorhandenen Konfliktstoff in DDR-Betrieben aufzuarbeiten. Der FDGB fuhr – trotz sozialpolitischer Diskussion und seiner Rolle als vermeintliches Gegengewicht zur Expertenmacht – vor Ort in alten Gleisen. Wo Wirtschaftsfunktionäre gezügelt wurden, übernahmen in aller Regel SED-Organe die Führung und versicherten sich allenfalls der Mithilfe gewerkschaftlicher Einrichtungen.

---

4 Sozialistisches Gesellschaftssystem, sozialistische Demokratie und Gewerkschaften, Teil 1, Berlin (Ost) 1970, S. 426.
5 Ebenda, S. 433.

FDGB-Organe waren zum Ausgang der sechziger Jahre – dies ließ sich aus offiziellen SED- und FDGB-Tagungsberichten, Bekundungen Ulbrichts und Honeckers mühelos wörtlich ablesen – unverändert »Anhängsel von Parteileitungen«, »Assistenten der Werkleiter« und ließen sich »durch Staatsorgane reglementieren«[6].

Die »Übereinstimmung der politischen, materiellen und kulturellen Interessen der Werktätigen und Kollektive mit den gesellschaftlichen Erfordernissen« (Art. 2) und die »sozialistische Menschengemeinschaft« (Art. 18) wurden 1968 Bestandteil der neuen DDR-Verfassung. Gesellschaftsharmonie war damit höchste Rechtsnorm in der DDR. Die FDGB-Führung eignete sich dies an.

Auch der FDGB erhielt einen Platz in der Verfassung (Dok. 13) und war damit offiziell in das Herrschaftssystem der DDR eingebunden. Dies gehörte zu seiner propagandistischen Aufwertung.

Das Ansehen des FDGB in den sechziger Jahren

In den sechziger Jahren steuerte die Mitgliederzahl des FDGB auf die 7-Millionen-Grenze zu – nur noch ein verschwindend geringer Teil der DDR-Berufstätigen und -Rentner war nicht in der Monopolgewerkschaft organisiert.

Anhand einer zu dieser Zeit – gegen SED-Willen – in den Westen gelangten Repräsentativerhebung unter 1 000 DDR-Industriebauarbeitern[7] läßt sich gut ermitteln, welches Bild diese Mitglieder vom FDGB und seiner Politik hatten:

Arbeit, vom FDGB zur »Sache der Ehre, des Ruhmes und des Heldentums« hochstilisiert, sahen die Beschäftigten ganz anders: Nur ein gutes Viertel der befragten Bauarbeiter kannte überhaupt die eigenen Arbeitsnormen; befragt: »Wenn Sie das Wort ARBEIT hören, woran denken Sie dann?«, antworteten 7,4 Prozent »An etwas Angenehmes«, aber 27,5 Prozent »An etwas Unangenehmes«, während der Rest sich nicht entscheiden oder nicht antworten mochte – von einer neuen, sozialistischen Arbeitseinstellung keine Spur. Es spielten egoistische Beweggründe zur Arbeit, das »persönliche materielle Interesse« die erste große Rolle – genau wie überall auf dieser Welt.

---

6 Walter Ulbricht: Zum NÖSPL, a. a. O., S. 733; Protokoll des 7. FDGB-Kongresses, Berlin (Ost) 1968, S. 27; Protokoll des VIII. SED-Parteitages, Bd. 1, Berlin (Ost) 1971, S. 80 u. 339.
7 Dieter Voigt: Montagearbeiter in der DDR, Diss. phil.,Gießen 1971.

Mitbestimmung war eine Kernfrage für den FDGB. Er sollte sie ermöglichen. Ein SED-Soziologe meinte, daß »die Zufriedenheit mit Arbeit und Verdienst überwog, die Möglichkeit der Mitbestimmung dagegen erheblich negativer eingeschätzt wurde«[8]. Die Befragung der Bauarbeiter bestätigte dies: Um Auskunft gebeten, ob sie in ihrem Arbeitsbereich mitbestimmen könnten, meinten 16,7 Prozent deutlich »Nein«, 29,9 Prozent signalisierten »überwiegend Ablehnung«, 23,3 Prozent antworteten »teils-teils«, 12,1 Prozent wußten es nicht (!), 15,4 Prozent gaben gar keine Antwort und lediglich 2,6 Prozent rangen sich zu einem »Ja« durch.

War das Urteil der Minderheit, die sich positiv oder wenigstens teilweise positiv äußerte, auf den FDGB zurückzuführen? Die Erhebung gelangte zu einem anderen Ergebnis: »Im *Meister* sehen die Monteure ihren Interessenvertreter auf der Baustelle.« Die Einstellung zu SED und FDGB war hingegen eindeutig negativ, deren Funktionäre waren weitgehend unbekannt.

Die Arbeiter unterschieden zwischen zwei Funktionärstypen: dem hinlänglich respektierten fachlichen Führungspersonal und politischen Funktionsträgern (SED, FDGB, FDJ), »gegen die sich die Aggression der Arbeiter richtete«. So warf die Untersuchung bei einer der belangvollsten Fragen Partei und Gewerkschaft in einen Topf: »Setzen sich der FDGB und die SED auf der Baustelle für Sie ein?« – Etwa drei Viertel der Befragten erwiderten unzweifelhaft »Nein«, einem weiteren Zehntel war es unklar, ein knappes Zehntel erteilte keine Antwort, 6,7 Prozent bejahten die Frage.

Wie der FDGB allein im Urteil der Arbeiter abschnitt, enthüllten Antworten auf diese Frage: »Was sagen Sie zu einem Kollegen, der nicht im FDGB ist?«. 56 Prozent meinten, das sei »seine Sache«, 25,8 Prozent hielten es sogar für »gut so«, keine Antwort gaben 18 Prozent, für die dem FDGB gewogene Antwort »eine Schande, schlimm« entschieden sich die restlichen 0,2 Prozent – Daten, die keines Kommentars bedürfen.

Aufstände gegen den FDGB fanden trotzdem nicht statt. Die Arbeiterschaft erkannte ihre damalige Ohnmacht, am FDGB etwas zu ändern. Ihr Verhalten mündete mehr und mehr in Desinteresse oder dumpfe Opposition gegenüber dem FDGB.

---

[8] Uwe-Jens Heuer: Demokratie und Recht im neuen ökonomischen System der Planung und Leitung der Volkswirtschaft, Berlin (Ost) 1965, S. 181.

1971 bis 1989:
Abklärung und Stillstand

Siebziger Jahre: Aufgabenpräzisierung mit straffer SED-Führung

Ulbrichts »sozialistische Menschengemeinschaft« war eine weltanschauliche Entgleisung. Solch eine widerspruchsfreie Wohlstandsgesellschaft war erst für das Erreichen des Kommunismus vorgesehen. So weit wähnte sich freilich nicht einmal die Sowjetunion. Ulbricht geriet in Konflikt zur KPdSU und stürzte – nicht ohne deren Zutun – im Mai 1971.

Die neue SED-Führungsriege um Erich Honecker beeilte sich, den Widerspruch zur sozialistischen Führungsmacht auszuräumen. Kurt Hager, schon seit 1963 Politbüromitglied, nannte auf einmal »den früher recht oft verwendeten Begriff der Menschengemeinschaft ... wissenschaftlich nicht exakt, da er die tatsächlich noch vorhandenen Klassenunterschiede«, vor allem – so Hager – »die führende Rolle der Arbeiterklasse verwischt«[1]. Es war eine Kleinigkeit, aus diesen ideologischen Haarspaltereien zu schlußfolgern, daß die Führungsrolle der SED – der angeblichen Partei der Arbeiterklasse – stark ausgebaut werden mußte.

Für den FDGB, im SED-Jargon die »umfassendste Organisation der Arbeiterklasse«, mußte dabei etwas abfallen. Mehr Unabhängigkeit verhieß es ihm freilich nicht; vielmehr entschloß sich die SED-Führung, wieder vermehrt auf den FDGB als absolut parteitreues Steuerungsinstrument für gesellschaftliche Prozesse zurückzugreifen. Dies stellte Erich Honecker sowohl auf dem VIII. SED-Parteitag 1971 als auch auf dem 8. FDGB-Kongreß 1972 heraus (Dok. 14). Johanna Töpfer, schon damals und noch bis zur »Wende« 1989 stellvertretende FDGB-Vorsitzende, versicherte im Gegenzug namens des FDGB, »die Arbeiterklasse

---
1 *Einheit*, Heft 11/1971, S. 1210 und 1212.

noch fester um ihre marxistisch-leninistische Vorhut, die SED, zusammenzuschließen«[2].

Nach über einem Vierteljahrhundert im Amte des FDGB-Vorsitzenden starb 1975 Herbert Warnke. Typisch für die rigorose SED-Gewerkschaftspolitik jener Jahre war es, daß an die FDGB-Spitze niemand aus dem FDGB-Apparat rückte. Neuer FDGB-Chef wurde jemand mit Partei-Karriere: Harry Tisch.

Dem nun wirklich in jeder Hinsicht parteiabhängigen FDGB verordnete die SED unter Honecker eine merkliche Erweiterung seines Aufgabenfeldes. Die Monopolgewerkschaft wurde mehr und mehr in staatliches und staatsnahes Handeln einbezogen. Harry Tisch und Johanna Töpfer waren bis zum Umbruch im Herbst 1989 Mitglieder des Staatsrates der DDR.

Honeckers SED begann in den siebziger Jahren, offensiv Sozialpolitik zu betreiben, und bezog die FDGB-Führung formal in die Entscheidungsfindung mit ein: Bei einer Reihe sozialpolitischer Beschlüsse wurde der FDGB-Bundesvorstand jeweils als einer von drei Urhebern neben dem ZK der SED und dem DDR-Ministerrat aufgeführt. Die DDR-Regierung wurde überdies in einem 1972 eigens geschaffenen »Gesetz über den Ministerrat« darauf verpflichtet, ihre Politik vielfach mit dem FDGB-Bundesvorstand abzustimmen. Ähnliches widerfuhr 1973 den kommunalen und regionalen Staatsorganen der DDR. Daß der FDGB dadurch nicht nur symbolisch, sondern tatsächlich Einfluß gewann, ist allerdings zu bezweifeln. Entscheidungsprozesse in der DDR entzogen sich immer dem Blick der Öffentlichkeit und fanden zudem nicht in diesen Staatsorganen, sondern in SED-Gremien statt.

Zu der von Honecker beabsichtigten Hebung des FDGB-Ansehens gehörte auch, die Gewerkschaftsfunktionäre propagandistisch aus dem von Ulbricht verursachten betrieblichen Harmoniesumpf zu ziehen. Kaum im Amt, wollte der neue 1. Sekretär des ZK der SED »den Gewerkschaftsleitungen ans Herz legen, sorgfältig darauf zu achten, daß die Verbesserung der Arbeits- und Lebensbedingungen der Werktätigen nirgendwo an den Rand der Leitungstätigkeit gerät«. Er forderte von den DDR-Gewerkschaftern »eine bestimmte Portion Hartnäckigkeit in dieser Sache«. Umgehend pflichtete ihm auf dem VIII. SED-Parteitag FDGB-Vize Johanna Töpfer selbstkritisch bei, daß »wir Gewerkschaftsfunktionäre . . . noch unduldsamer gegenüber jenen Wirt-

---

2 Protokoll des VIII. SED-Parteitages, Bd. 2, a. a. O, S. 335.

schaftsleitern sein« müßten, die »die Erfüllung berechtigter Forderungen zur Verbesserung der Arbeitsbedingungen auf den Sankt-Nimmerleins-Tag verschieben«[3].

Bezeichnend für die siebziger Jahre war, daß auf derlei Selbstverständlichkeiten von höchster Stelle aufmerksam gemacht werden mußte. Änderungen im betrieblichen FDGB-Verhalten traten dennoch kaum zutage – das betriebliche Machtkartell, an dem der FDGB teilhatte, verfestigte sich im Gegenteil immer mehr. Das damalige arbeitsrechtliche Standardwerk der DDR führte aus:

> »Die umfassende und aktive Teilnahme der Werktätigen . . . kann nur wirkungsvoll und effektiv erfolgen über die Betriebsgewerkschaftsorganisation in enger Verbindung mit dem Betriebsleiter sowie den leitenden Mitarbeitern und im Zusammenwirken mit den anderen gesellschaftlichen Organisationen im Betrieb unter Führung der Betriebsparteiorganisation.«[4]

Im betrieblichen Herrschaftskonzert spielte der FDGB allenfalls die dritte Geige, war aber Teil des Orchesters, während die Belegschaften den einflußlosen Part des Publikums einnahmen.

Nach dem Führungswechsel in der SED und unter dem Eindruck wachsender Ost-West-Kontakte auf DDR-Boden als Folge der »Entspannung« vertieften sich die politisch-ideologischen (Schulungs-) Aufgaben des FDGB. Die SED wollte das weitverzweigte Netz einer Organisation mit mittlerweile rund 9 Millionen Mitgliedern effektiver nutzen, um Meinungen zu prägen. Im Jahre 1972 rief der FDGB »Schulen der sozialistischen Arbeit« als neue Form politischer Massenarbeit ins Leben – achtmal jährlich tagende Zirkel von rund jeweils 20 Personen mit dem Ziel, in marxistisch-leninistisches Gedankengut und die aktuellen Maximen der SED-Politik vor Ort einzuweisen. Belehrte man auf diese Weise im ersten Jahr gut 250 000 FDGB-Mitglieder, so erfaßten die »Schulen« ein Jahrzehnt später bereits mehr als 3 Millionen Personen. Ebenfalls in den siebziger Jahren nahm der FDGB wehrerzieherische Tätigkeiten in seinen Aufgabenkanon hinein, u. a. in Form einer offiziellen Vereinbarung mit der NVA, was zu abgestimmten Maßnahmeplänen und militärpolitischer Agitation auf allen Gewerkschaftsebenen führte. All dies erreichte weder die Köpfe noch die Herzen der Mitglieder, sondern führte nur zu weiterer Abstumpfung gegenüber der allgegenwärtigen Propagandamaschinerie.

---

3 Ebenda, Band 1, S. 80, und Band 2, S. 339.
4 Arbeitsrecht, Berlin (Ost) 2. Aufl. 1980, S. 59.

1977 plazierte die SED neben die allgemeine staatsrechtliche, sozial- und erziehungspolitische Höherbewertung des FDGB den eigentlichen gewerkschaftspolitischen Markstein des Jahrzehnts: das neue »Arbeitsgesetzbuch« (AGB).

Formal war dieses AGB eine Initiative des FDGB: Sein 9. Kongreß verabschiedete einen Entwurf, seine Fraktion (der FDGB besaß 68 Abgeordnete) brachte ihn in die Volkskammer ein, FDGB-Chef Harry Tisch lieferte die Begründung, woraufhin die Volkskammer dem AGB am 16. Juli 1977 in der üblichen Einmütigkeit Gesetzeskraft verlieh. Daß die SED dem FDGB die Feder führte, verstand sich von selbst.

Das AGB war kein Ausbau, aber eine Präzisierung der FDGB-Position. Grundlegende »Rechte der Gewerkschaften«, in aller Offenheit gleichgesetzt mit FDGB-Rechten, führte das AGB in einem eigenen Kapitel auf (Dok. 16). »Die gewerkschaftliche Tätigkeit«, lautete der Kernsatz, »steht unter dem Schutz des sozialistischen Staates.« Daher waren »alle Staatsorgane, wirtschaftsleitenden Organe und Betriebe ... verpflichtet, die Tätigkeit der Gewerkschaften zu fördern und eng mit ihnen zusammenzuarbeiten« – ein betriebliches und überbetriebliches allgemeines Konsultationsrecht des FDGB, im weiteren präzisiert, das angesichts seiner strikten Systemgebundenheit niemandem Kopfzerbrechen bereitete.

So konnte auch das betriebliche Alleinvertretungsrecht des FDGB bedenkenlos bekräftigt werden; ein AGB-Kommentar nannte es unverhohlen »Aufgabe der Gewerkschaften, die Interessen aller Werktätigen des Betriebes zu vertreten, auch der Werktätigen, die sich noch nicht entschlossen haben, Mitglied der Klassenorganisation zu werden«[5]. Daß jemand bewußt nicht dem FDGB beitrat und alle damit verbundenen Nachteile in Kauf nahm, war der AGB-Gedankenwelt fremd. Ohne ihnen eine Alternative zu bieten und sogar ohne ihr Einverständnis eingeholt zu haben, vereinnahmte das DDR-Arbeitsrecht die Beschäftigten ausnahmslos für den FDGB.

Das »Mitbestimmungsrecht« betrieblicher Gewerkschaftsleitungen gliederte das AGB übersichtlich in fünf Formen:
- Vereinbarungsrechte (zu vereinbaren zwischen Betriebsleitung und BGL waren etwa der BKV und der Arbeitszeitplan);

---

[5] Walter Hantsche und Siegfried Sahr: Leitung des Betriebes und Mitwirkung der Werktätigen (Schriftenreihe zum Arbeitsgesetzbuch der DDR, Bd. 2), Berlin (Ost), 1979, S. 15.

- Vorschlagsrechte/Rechte zur Stellungnahme (etwa die Stellungnahme zum Planvorschlag und die Teilnahme an Gesprächen über Abschlüsse, Änderungen oder Aufhebungen von Arbeitsverträgen; allerdings galten Entscheidungen im Falle solcher »Konsultativrechte« auch ohne FDGB-Beteiligung);
- Zustimmungsrechte (etwa bei Kündigungen, Prämiengewährung, Überstundenanordnung oder der Verwendung des Kultur- und Sozialfonds);
- Informations- und Rechenschaftsforderungsrechte (etwa die Befugnis des BGL-Vorsitzenden, in betriebliche Unterlagen Einsicht zu nehmen, oder die Pflicht der Betriebsleitung zur Rechenschaftslegung über die BKV-Durchführung und die Einleitung eines Disziplinarverfahrens);
- Kontrollrechte, die sich allgemein auf »die Wahrung der Rechte der Werktätigen« bezogen.

Vordergründig verwiesen die AGB-Regelungen auf eine recht starke Stellung der Gewerkschaft im Betrieb, wenngleich sie kaum Sanktionsmöglichkeiten besaß. Aber auch scheinbar starke Betriebsgewerkschaften waren stets Instrument der Betriebsorganisation der SED und keine eigenständigen Handlungseinheiten.

Das Ziel des zu Beginn der Honecker-Ära behutsam gewandelten FDGB unterschied sich nicht von dem der Vorzeit. Es sei, so Honecker 1972, »die bessere Befriedigung der Bedürfnisse der Menschen ... zunächst ein hoher Anspruch an die fleißige Arbeit«[6]. Seine Mitglieder hierzu anzuhalten, war dem FDGB nichts Neues. Die Methode, Arbeitsmotivation hervorzurufen, sollte sich in den siebziger Jahren wandeln: Sozialpolitische Maßnahmen und betriebliche Konsultationsrechte als Impuls für Arbeitsleistungen ins Spiel zu bringen, wurde unter Honecker zunächst zu einem bedeutenden Teil der FDGB-Betätigungen. So wurde auf dem 9. FDGB-Kongreß 1977 zielbewußt verlautbart, es sei »anspornend, wenn man spürt, daß wir uns bei guter Leistung immer mehr leisten können«[7]. Am selben Ort machte Honecker deutlich, daß höherer Lebensstandard (der »Spielraum unserer Sozialpolitik«[8]) von der Effektivität der Produktion abhängt. Dies sollte sich in den achtziger Jahren sehr deutlich zum Nachteil der DDR-Bevölkerung als wahr erweisen ...

---
6 Protokoll des VIII. SED-Parteitages, Bd. 1, a. a. O., S. 62.
7 Protokoll des 9. FDGB-Kongresses, Berlin (Ost) 1977, S. 69.
8 Ebenda, S. 106.

Achtziger Jahre: Aufgabenerstarrung und Perspektivlosigkeit

Kennzeichnend für den Staat DDR in seinem letzten Jahrzehnt war es, daß sich seine Führung angesichts wirtschaftlicher Schwierigkeiten und des heraufziehenden Umbruchs im sowjetischen Machtbereich immer vehementer und starrsinniger gegen jede Art von Wandel stemmte. Die SED sah sich vor allem von den polnischen Entwicklungen 1980 und 1981 (»Solidarność«) und durch Gorbatschows Reformpolitik ab 1985 herausgefordert. Während sich in einigen Staaten Osteuropas die Wandlungsfähigkeit der Systeme herausstellte, verharrte die DDR in völliger Stagnation. Die SED-Spitze versperrte sich damit in der zweiten Hälfte des Jahrzehnts recht unverhohlen selbst den Wegweisungen ihres einstigen Vorbildes UdSSR.

Die FDGB-Führung war der SED, in deren Politbüro FDGB-Chef Harry Tisch mitwirkte, ergebener denn je. Ohne ausdrückliche Genehmigung Honeckers gab Harry Tisch nicht einmal Interviews (Dok. 15). Schulungen der FDGB-Funktionäre und FDGB-Veröffentlichungen konzentrierten sich mehr und mehr darauf, Angriffen auf die SED-Führungsrolle zu trotzen. Auf dem letzten regulären SED-Parteitag 1986 beanspruchte Harry Tisch, auch für »Millionen parteilose Gewerkschafter« sagen zu können: »Wir sind mit Dir, Partei!« Es sei »erstes Recht und erste Pflicht . . ., unter der Führung der Partei weiterhin alles zu tun für Sozialismus und Frieden, für die weitere Stärkung unseres sozialistischen Staates. Das ist und bleibt unser gewerkschaftliches Lebensgesetz.«[9]

Der FDGB war schon zu Beginn der achtziger Jahre im betrieblichen und überbetrieblichen Alltag in eine Rolle versetzt, die den SED-Vorstellungen genügte und an der die Partei nicht rüttelte. Mit Hilfe des FDGB erfaßte sie mehr als 9 Millionen Menschen. Diese waren laut FDGB-Satzung als Gewerkschaftsmitglieder auf Partei- und Staatstreue verpflichtet (Dok. 17).

»Kämpferisch« anmutende Gewerkschaftsparolen wie am Anfang der Honecker-Ära gab es nicht mehr. Als im »Bruderland« jenseits der DDR-Ostgrenze sich 1980 und 1981 »Solidarność« die Rechte einer freien Gewerkschaft erkämpfte, erblickte die SED Honeckers darin den Versuch der Konterrevolution und begrüßte die Verhängung des Kriegsrechtes. Der FDGB fiel in die Verurteilung ein und grenzte sich

---

[9] *Neues Deutschland* vom 19. April 1986.

von der polnischen Entwicklung scharf ab. Nachdem »Solidarność« suspendiert worden war, begrüßte Harry Tisch Vertreter der vollkommen am Boden liegenden FDGB-Brudergewerkschaften Polens 1982 auf einem FDGB-Kongreß »mit herzlichen Gefühlen«[10].

Das Gesamtverhalten des FDGB erstarrte. Nach 1982 fand 1987 ein weiterer Kongreß statt. Das bemerkenswerteste an beiden war ein ritualisierter Ablauf und so gut wie kein Austausch in den Führungsgremien.

Die wirtschaftliche Lage der DDR spitzte sich zu. Daß eine »Katastrophe« bevorstand, war – wie Notizen des FDGB-Chefs Tisch von einer Sitzung der SED-Führungsspitze belegen – den DDR-Herrschern schon in den siebziger Jahren bekannt[11]. 1982 schätzte Erich Honecker in einem seltenen Ausbruch von Offenheit die DDR-Arbeitsproduktivität als 30 Prozent unter dem Niveau der Bundesrepublik ein[12] – immer noch geschönt, wie heute bekannt ist.

Die Verteilungsmasse für die in den siebziger Jahren unter kräftiger FDGB-Beteiligung aufgenommene Sozialpolitik schrumpfte und schrumpfte. Dem Honecker-FDGB, dessen Politik stark damit verknüpft war, wurden seine Handlungsgrundlagen entzogen. Alternativen standen ihm nicht zur Verfügung; so breitete sich auch in seinen Reihen – insbesondere an der Basis – das Gefühl der völligen Perspektivlosigkeit in einem nicht wandlungsbereiten Gesamtsystem aus.

Nur scheinbar dauerhaft systemstabilisierend erfüllte der FDGB seine Aufgaben. Unter Parteianleitung und eng verflochten mit dem Staat nahm er die im folgenden Abschnitt skizzierten fünf Hauptfunktionen im DDR-System wahr.

---

10 Protokoll des 10. FDGB-Kongresses, Berlin (Ost) 1982, S. 10.
11 Vgl. *die tageszeitung* vom 10. August 1990.
12 Vgl. *Neues Deutschland* vom 27./28. November 1982.

Die fünf Haupttätigkeitsfelder des FDGB vor der »Wende«

Aus dem DDR-Alltag war der FDGB aufgrund vielfältiger Betätigung innerhalb des DDR-Systems nicht wegzudenken. Zusammengefaßt erstreckte sich seine Funktionswahrnehmung auf fünf Bereiche[1]:

1. Ideologievermittlung: Nach der FDGB-Satzung waren seine »Gewerkschaften berufen, in der weiteren Etappe der gesellschaftlichen Entwicklung auf der Grundlage des Marxismus-Leninismus als Schulen des Sozialismus und Kommunismus ... die schöpferische Aktivität, das sozialistische Arbeiten, Lernen und Leben so zu entfalten, daß die Ideen von Marx, Engels und Lenin das Leben in der DDR immer mehr prägen und ihre Vollendung finden«[2]. Um dieser Erziehungsaufgabe nachzukommen, leistete der FDGB einerseits propagandistische Breitenarbeit – etwa mittels der in in den achtziger Jahren schematisierten und Alltagsproblemen völlig entrückten »Schulen der sozialistischen Arbeit« (Dok. 18), mittels seiner in rund 400000 Exemplaren gedruckten Tageszeitung *Tribüne* und einer breiten Schriftenpalette, mittels eigener Bibliotheken und Kulturhäuser und nicht zuletzt in einer ungeheuren Vielzahl von Versammlungen auf allen FDGB-Ebenen. Andererseits betrieb der FDGB eine ausgiebige Funktionärsschulung in einem umfangreichen Netz eigener Bildungseinrichtungen (darunter einer Hochschule) – Zielgruppe waren die reichlich zwei Millionen FDGB-Funktionsträger, Multiplikatoren ersten Ranges.
2. Arbeitsmobilisierung: Laut SED-Programm organisierten »die Gewerkschaften die Mitglieder der Arbeitskollektive zum Kampf um hohe Leistungen bei der Erfüllung der volkswirtschaftlichen Aufgaben« und festigten »durch ihre gesamte Tätigkeit ... die sozialisti-

---

1 Vgl. ausführlich Ulrich Gill, a. a. O., S. 332-382.
2 FDGB-Satzung, in: *Tribüne* vom 13. August 1982.

sche Einstellung zur Arbeit«[3]. Hierfür führte der FDGB den »sozialistischen Wettbewerb« durch, organisierte die »Neuererbewegung«, förderte leistungsbezogene Lohn- und Prämienzahlung, nahm Anteil an Aufstellung und Erfüllung der Betriebspläne, berief »Ständige Produktionsberatungen« ein und sollte auch Strafmaßnahmen für diejenigen fordern, die die Arbeitsdisziplin verletzten. All dies waren – gerade angesichts der Trostlosigkeit der achtziger Jahre – vergebliche Bemühungen, mit zentral gesteuerten Initiativen künstliche Arbeitsanreize zu schaffen.

3. Soziale Dienste: Der FDGB war ein sozialer Verwaltungs-, Verteilungs- und Leistungsgigant und entlastete den Staat auf diese Weise ganz erheblich. Hierzu zählte in erster Linie die Leitung und Verwaltung der Sozialversicherung durch den FDGB. Er war daneben das mit Abstand größte Reiseunternehmen der DDR – sein eigener »Feriendienst« stellte jährlich rund zwei Millionen Reisen in eigenen oder vertraglich an ihn gebundenen Einrichtungen bereit, fast alle selbstverständlich im Inland und bei weitem nicht ausreichend trotz weiterer rund drei Millionen in betriebliche Objekte vergebener Reisen. Eine gewisse Rolle spielten FDGB-Organe überdies bei der Vergabe des in der DDR stets knappen Wohnraums. Die betriebliche Kulturarbeit lag weitgehend in FDGB-Händen. Letztlich bot der FDGB seinen Mitgliedern eine Reihe Eigenleistungen an: z. B. Unterstützungen bei längerer Krankheit, Sterbegeld und Darlehen aus einer »Kasse der gegenseitigen Hilfe«. Wenn auch all dies der wesentliche Nutzen des FDGB für die Bürger war, so war es doch auch das entscheidende Disziplinierungsmittel: Der Austritt aus dem FDGB war gleichbedeutend mit dem Entzug, der Kürzung oder Problemen bei der Einforderung dieser Leistungen.

4. Personalheranbildung: Wie jede Organisation mußte der FDGB eigenes Personal qualifizieren; darüber hinaus band die SED ihn aber auch in Propaganda für berufliche Fortbildung, betriebliche Qualifizierungsverträge und die Arbeitskräftelenkung ein.

5. Betriebliche Mitwirkung: Der FDGB besaß den Buchstaben der Gesetze nach eine Fülle betrieblicher Anhörungs-, Vereinbarungs- und Zustimmungsrechte[4]. Nie als Mit-Bestimmung, nie als Oppositionsrecht gegen Betriebs- und Betriebsparteileitung und stets als Recht

---

3 Programm der Sozialistischen Einheitspartei Deutschlands, Berlin (Ost) 1976, S. 59f.
4 Vgl. ausführlich Ulrich Gill, a. a. O., S. 332-382.

der fest ins System eingefügten Gewerkschafts-Leitungen begriffen, lag in dieser offiziell dem FDGB zugeschriebenen Aufgabe sein eigentliches Versagen in den Augen der Belegschaften. Trotz eines durchaus umfangreichen, komplizierten und rechtlich fixierten Mitwirkungsgeflechtes haben FDGB-Organe nur äußerst selten und schon gar nicht in den achtziger Jahren die Rolle eines betrieblichen Interessenvertreters effektiv ausüben können und wollen.

1989/90:
Die Revolution entläßt den FDGB

Reform als Nachhut

Diejenigen, die massenweise über dritte Länder aus der DDR flüchteten, und diejenigen, die der SED massenweise ihr Bleiben und ihren dauerhaften Protest auf der Straße androhten, bewirkten im Herbst 1989 die »Wende« in der DDR: Am 18. Oktober wurde Erich Honecker als Generalsekretär der SED durch Egon Krenz ersetzt, dessen Führungsära sechs Wochen später schon wieder zu Ende war. Nach einem rapiden Machtverfall der bisherigen Herrschaftspartei strich die DDR-Volkskammer am 1. Dezember 1989 die Führungsrolle der SED aus der DDR-Verfassung. Zunächst von einer Übergangsregierung unter Zuhilfenahme der am »Runden Tisch« vertretenen Opposition geführt, begab sich die DDR über die Zwischenstation der ersten freien Wahlen am 18. März 1990 immer rascher auf den Weg zur deutschen Einheit, die am 3. Oktober 1990 vollzogen wurde. Damit ist die DDR von der politischen Landkarte verschwunden.

Die Revolution des Herbstes 1989 setzte der Diktatur der SED und ihres Politbüros ein Ende.

Mehr als vier Jahrzehnte hatte diese Partei den FDGB in vollkommener Abhängigkeit gehalten. Als ihr Herrschaftsmonopol fiel, besaß die führerlos werdende Einheitsgewerkschaft keinerlei eigene Reformkraft: »Der FDGB spielte zu keiner Phase des revolutionären Prozesses eine aktive Rolle. Er wurde von den Ereignissen getrieben.«[1]

Auf der anderen Seite richtete sich der Zorn der oppositionellen Bewegung kaum gegen den FDGB. Die Hauptattacken galten der SED und

---

[1] Manfred Wilke/Hans-Peter Müller: FDGB: Vom alten Herrschaftsapparat zu neuer Gewerkschaftsmacht? (Interne Studien der Konrad-Adenauer-Stiftung, Nr. 17/1990), S. 9; die Ausführungen dieses Kapitels folgen weitestgehend Wilkes und Müllers Darstellung.

dem Ministerium für Staatssicherheit, während der FDGB als der SED nachrangige und willenlose Einrichtung nur einiger Randattacken wert erschien.

Und in der Tat: Selbst im Verfall bewahrte sich die SED ihre vorauseilende und bestimmende Funktion für den FDGB.

Ganz gemäß der Linie Erich Honeckers behauptete noch zwei Tage vor dessen Sturz FDGB-Chef Harry Tisch unnachgiebig, »wer die Gewerkschaften benutzen will, um unter ihrem Schirm gegen den Staat aufzutreten, der ist bei uns in der DDR am falschen Platz«[2]. Nach Honeckers Abtritt sah sich auch Tisch veranlaßt, die Vertrauensfrage zu stellen. Es gelang ihm, auf einer FDGB-Vorstandssitzung am 31. Oktober 1989, die Entscheidung darüber auf Mitte November vertagen zu lassen. Aber schon am 2. November mußte die Sitzung fortgesetzt werden, und Tisch erklärte am 3. November seinen Rücktritt. Seine Nachfolgerin im FDGB-Vorsitz wurde Annelis Kimmel, die (Ost-)Berliner FDGB-Chefin.

Sie stellte Reformen in Aussicht, und der neue FDGB-Bundesvorstand setzte acht Arbeitsgruppen zur Erarbeitung künftiger Positionen ein. Aber die taumelnde SED kam dem FDGB erneut zuvor: Die ZK-Tagung vom 8. bis 10. November, die auch Harry Tisch aus dem Politbüro entfernte, verabschiedete ein »Aktionsprogramm«: Es zielte auf eine »an den Marktbedingungen orientierte Planwirtschaft« ab und sah den FDGB »als Instrument der demokratischen Gegenkontrolle«[3]. Die Partei versuchte nochmals, über den FDGB zu bestimmen. Sie hatte aber indirekt auch die Bahn frei gegeben für eine pluralistische Entwicklung. Der FDGB mußte sich darauf einstellen, wollte er seinen Untergang vermeiden.

Neue Enthüllungen bugsierten den FDGB immer tiefer in die Krise: Es gelangten Informationen an die Öffentlichkeit, daß Harry Tisch ein eigenes Staatsjagdgebiet mit luxuriösem Jagdhaus besaß, daß man in einem Tresor des Bundesvorstandes 2 Millionen DM Bargeld entdeckt hatte, daß der Neubau der FDGB-Zentrale in Berlin (Ost) über eine Viertel Milliarde Mark verschlang und daß 1988 100 Millionen Mark aus dem FDGB-Solidaritätsfonds gänzlich gegen den eigentlichen Zweck der FDJ übergeben worden waren, wovon diese die Hälfte nicht verbraucht und dennoch behalten hatte.

---

2 *Junge Welt* vom 16. Oktober 1989.
3 *Deutschland-Archiv*, Heft 12/1988, S. 1447 und 1451.

Die Tagung des FDGB-Bundesvorstandes am 29. November 1989 schloß daraufhin Harry Tisch aus dem FDGB aus und bildete einen Untersuchungsausschuß.

Auf dieser Tagung ergriff die IG Metall Initiativen für Tarifautonomie, die Umwandlung der zentralistischen Einheitsorganisation FDGB in einen Dachverband selbständiger Einzelgewerkschaften und die Einberufung eines Außerordentlichen FDGB-Kongresses.

Der neue IG Metall-Vorsitzende – sein Vorgänger war schon Anfang November wegen eines Skandals zurückgetreten – räumte später »scharfe Auseinandersetzungen« zwischen den FDGB-Einzelverbänden und »den Vertretern alten Denkens im Bundesvorstand«[4] ein. Die Bundesvorstandstagung Ende November rief gleichwohl den Außerordentlichen Kongreß für den 31. Januar und 1. Februar 1990 ein und beschloß an Stelle der alten FDGB-Führungsgremien Sekretariat und Präsidium die Bildung eines Arbeitssekretariates, das unter der Leitung der FDGB-Vorsitzenden Kimmel zwischenzeitlich die FDGB-Arbeit leiten sollte. Die FDGB-Chefin legte während der Tagung ein Bekenntnis ab:

> »Viele von uns waren dem Irrtum erlegen, daß es die beste gewerkschaftliche Interessenvertretung sei, die Beschlüsse und Orientierungen der SED kritiklos zu übernehmen und sie in den Gewerkschaften durchzusetzen.«[5]

Auch als Anfang Dezember diese Führungsrolle aus der DDR-Verfassung getilgt war, blieb es bei der Vorreiterrolle der SED für den FDGB. Während am 3. Dezember die Verhaftung von Harry Tisch bekannt wurde, traten am selben Tag Politbüro und ZK der SED komplett zurück. Am 9. Dezember tagte der FDGB-Bundesvorstand ein weiteres Mal und beschloß ebenfalls seinen Rücktritt. Auch Annelis Kimmel verlor damit ihr gerade erworbenes Amt. Nachfolger gab es bis zum Außerordentlichen Kongreß nicht.

Die Leitung des FDGB oblag einem Vorbereitungskomitee unter dem Vorsitz von Werner Peplowski (SED), Chef der IG Druck und Papier. Das Komitee setzte – genau wie die SED – einen Ausschuß zur Untersuchung von Amtsmißbrauch und Korruption ein.

Inzwischen entsannen sich Belegschaften etlicher DDR-Betriebe der 1948 zerschlagenen Betriebsräte und wählten sich ein solches Vertre-

---

4 *Unsere Zeit* (uz) vom 19. Januar 1990.
5 *Tribüne* vom 30. November 1989.

tungsorgan. Die BGL, Werkzeuge des FDGB im Betrieb, versanken in Bedeutungslosigkeit oder lösten sich auf. Zudem traten im Dezember Initiativen zur Gründung unabhängiger Gewerkschaften auf den Plan, während zugleich der einstigen Monopolgewerkschaft die Mitglieder davonliefen: 800 000 hatten nach Aussage von FDGB-Interims-Chef Peplowski bis Anfang Januar 1990 ihren Austritt erklärt (fast 10 Prozent), weitaus mehr zahlten jedoch keine Beiträge mehr oder froren sie ein. Ein enormer Druck, sich aus eigenem Willen und eigener Kraft zu reformieren, lastete jetzt auf dem FDGB.

Von der Selbstüberschätzung zur Selbstauflösung

Das Vorbereitungskomitee für den Außerordentlichen FDGB-Kongreß legte dem Kongreß am 31. Januar und 1. Februar 1990 vier Ergebnisse seiner Arbeit vor:

- den Entwurf für eine neue FDGB-Satzung,
- den Entwurf zur Änderung der DDR-Verfassung,
- den Entwurf für ein eigenes Gewerkschaftsgesetz und
- den Entwurf eines Aktionsprogrammes.

Im Zentrum des Interesses stand aber zunächst der Bericht des Ausschusses zur Untersuchung von Amtsmißbrauch und Korruption. Darin legte der Ausschuß eine Reihe weiterer skandalöser Machenschaften offen, die auf dem Kongreß zu Ausschlußanträgen und der Ankündigung strafrechtlicher Verfolgung führten. Die wesentlichste Aussage des Berichtes war indes, es habe ein »System von Amtsmißbrauch, Korruption und mißbräuchlicher Verwendung gewerkschaftlichen Eigentums« (Dok. 19) bestanden. Auffällig hieran war zum einen, daß sämtliche Vorwürfe sich fast ausschließlich auf Personen bezogen (vor allem auf Harry Tisch), und die Ursachen ihrer teils kriminellen Handlungsmöglichkeiten kaum hinterfragt wurden. Zum anderen war es angesichts der ungeheuerlichen Aufdeckungen verblüffend, daß kein Kongreßteilnehmer nachfragte. Absicht des Kongresses war offenkundig, Vertrauen durch Aufdeckung vergangener Skandale zu erwerben. Eine gründliche Analyse aber war dem schon wieder hinderlich. Mit der Zuweisung der Schuld an Einzelpersonen kam der Vorgang rasch vom Tisch. Man widmete sich dem FDGB weniger abträglichen Themen. »Ohne langen Blick über die Schulter wollte sich der ›neue‹

FDGB demokratisch legitimiert zurückmelden.«[6] In der Tat waren die Delegierten des Kongresses zum ersten Mal seit mehr als 40 Jahren ohne Einheitsliste frei gewählt worden. Nun konnte und mußte Eigenständigkeit gezeigt werden. Zur neuen Vorsitzenden wählte der Kongreß überraschend – allgemein war mit der Wahl Peplowskis gerechnet worden – die in Gewerkschaftskreisen unbekannte Helga Mausch, wohl aufgrund ihrer Zugehörigkeit zur NDPD und eben nicht zur SED.

Satzungsänderungen glichen den FDGB dem DGB-Modell an – er wandelte sich (so schon im Satzungstitel) zu einem »gewerkschaftlichen Dachverband«, in dem die Einzelverbände die Finanzhoheit und das jederzeitige Austrittsrecht besaßen.

Die SED legte nicht mehr schützend die Hand über den FDGB, die Regierung war nicht mehr automatisch Bündnispartner, und am »Runden Tisch« hatte er kaum Einfluß. Mitten in den Kongreß fiel überdies Hans Modrows Bekenntnis zur deutschen Einheit, deren Unwägbarkeiten für den FDGB kaum auszumalen waren. Die Gewerkschaften des FDGB waren angeschlagen und demonstrierten auf dem Kongreß verzweifelt Selbstbewußtsein:

Mehrmals tauchte der Begriff »Generalstreik« als mögliches Mittel auf, überzogene Forderungen durchzusetzen – auch als es darum ging, die Volkskammer zu bedrängen, im Schnellverfahren noch vor ihrer Neuwahl am 18. März die vom Kongreß verabschiedeten Entwürfe für die Änderung der DDR-Verfassung und das neue Gewerkschaftsgesetz zu billigen. Anhand neuer Gegner, dem Staat und den »Kapitalisten«, meinte die Kongreßregie, Einmütigkeit und Selbstaufrichtung des FDGB bewirken zu können. Das Konzept ging auf dem Kongreß auf, die dauerhafte Konsolidierung des FDGB aber bewirkte es nicht.

Die Verfassungsänderung sollte zu einer nahezu kompletten Neufassung der Gewerkschaftsartikel 44 und 45 führen (Dok. 20), den Gewerkschaften Unabhängigkeit garantieren, ihnen aber auch ein mit pluralistisch-demokratischen, parlamentarischen und rechtsstaatlichen Grundsätzen unvereinbares Monopol der Interessenvertretung »aller Werktätigen«, ein betriebliches Vertretungsmonopol gemäß bestehender AGB-Regelungen und das Recht zur Gesetzesinitiative, des Einspruches gegen Gesetze und zur Gesetzeskontrolle verleihen. Der neue gewerkschaftliche Dachverband FDGB beanspruchte damit, verfas-

---

6 Manfred Wilke/Hans-Peter Müller, a. a. O., S. 21.

sungsrechtlich zur vierten Gewalt in einem kommenden System der Gewaltenteilung aufzusteigen – ein Begehren einer Einzelgruppe, die dem Gleichheitsgrundsatz Hohn sprach und selbst in der noch bestehenden, nicht demokratisch legitimierten Volkskammer keine Aussicht auf Erfolg besaß. Den Weg »vom SED-Staat zum FDGB-Staat«[7] wollte selbst sie nicht gehen.

Das vom FDGB-Kongreß geforderte Gewerkschaftsgesetz[8] stellte eine Präzisierung und Erweiterung dar: Die Gewerkschaften sollten demnach als einzige Organisation berechtigt bleiben, Grundorganisationen in den Betrieben zu unterhalten (damit hätte der alte FDGB-Apparat in die neue Zeit hinübergerettet werden können).

Das Gesetz sah vor, daß Gewerkschaften stets das Recht des Zugangs zu allen Medien, nicht nur der eigenen, haben.

Betriebsleiter sollten Gewerkschaftsvertretern jederzeit Einsicht in betriebliche Unterlagen gewähren und zur Information bereitstehen müssen. Betriebliche Gewerkschaftsleitungen wurde das Recht zur Mitentscheidung in Personalangelegenheiten zugesprochen.

Das Gewerkschaftsgesetz bekräftigte das schon im Verfassungsentwurf vorgesehene Gesetzesinitiativ- und -kontrollrecht der Gewerkschaften. Gewerkschaftliche Grundorganisationen sollten nicht nur »bei allen Fragen des betrieblichen Reproduktionsprozesses« mitbestimmen, sondern von Anfang an in die Entscheidungsfindung einbezogen werden müssen.

Sollten solche Gewerkschaftsrechte mißachtet worden sein, hätten Gewerkschaftsleitungen durch ihr Veto die Entscheidung bis zu drei Wochen aufschieben können.

Das Streikrecht sollte ebenso festgeschrieben werden wie das Verbot der Aussperrung.

In Betrieben sollte es nach wie vor keine Betriebsräte, sondern BGL geben. Deren von der Gewerkschaft benannte Mitglieder genossen nach dem Gesetzestext Kündigungsschutz wie Betriebsräte in der Bundesrepublik.

Aufgeschlüsselt nach Betriebsgröße hätten Betriebe betriebliche Gewerkschaftsvertreter freistellen und über zwangsweise Zahlung in einen Fonds der Gewerkschaft auch bezahlen müssen.

---

7 Ebenda, S. 47.
8 Abgedruckt in *Tribüne* vom 5. Februar 1990, S. 3.

Um all dies durchzusetzen, verlieh der FDGB seinen Gewerkschaften im Gesetzesentwurf ausdrücklich die Befugnis, die Rechte vor Gericht einzuklagen.

Letzten Endes wäre ihnen das Recht zum Generalstreik rechtlich verbrieft worden.

Neben ihren massiven Kontrollrechten auf überbetrieblicher Ebene wollten sich die FDGB-Gewerkschaften mit diesem Gesetz auch zur entscheidenden Macht in den DDR-Betrieben machen. Die Unternehmensleitung wäre in eine untergeordnete Rolle abgedrängt worden. Auf Investitionen von außerhalb der Noch-DDR hätte man allerdings vergebens warten müssen. Die geforderte Verfassungsänderung und das Gewerkschaftsgesetz waren zweifellos das Bemühen einer bedrängten Organisation, im Innern Geschlossenheit herzustellen und sich eine gesicherte Position in einem immer ungewisser werdenden Umfeld zu verschaffen. Mit diesen Maximalforderungen setzte sich der FDGB einer Kritik aus, die bis in den DGB und das sozialdemokratische Lager reichte. Sie waren einer Stabilisierung eher kontraproduktiv, da sie auch mögliche Bündnispartner verschreckten.

Trotzdem gab die letzte undemokratisch zustande gekommene Volkskammer der DDR in ihrer letzten Sitzung am 6. März 1990 dem FDGB-Entwurf Gesetzeskraft. Gestrichen wurden allerdings das Gesetzeskontrollrecht der Gewerkschaften und der Fonds zur Bezahlung freigestellter Funktionäre. Nach der verabschiedeten Fassung sollte die Regierung Streiks aus Gründen des Gemeinwohls aussetzen können.

Das Gewerkschaftsgesetz hat in der DDR-Wirklichkeit nach dem Wahltag am 18. März und der Bildung der Großen Koalitionsregierung kaum noch eine Rolle gespielt.

Der FDGB geriet im rasanten deutschen Vereinigungsprozeß mehr und mehr unter die Räder. Seine Einzelgewerkschaften steuerten – nach verschiedenen Umbenennungen, Umstrukturierungen und Neugründungen – weniger eine einflußreiche Position im Dachverband FDGB als die Vereinigung mit bestehenden bundesdeutschen Gewerkschaften an. Der DGB beobachtete diesen Prozeß nicht nur wohlwollend, sondern griff durchaus fördernd ein; seine Einzelgewerkschaften entschlossen sich freilich letztlich nicht für eine Fusion der Organisationen, sondern für eine Übernahme der Mitglieder nach Auflösung der FDGB-Gewerkschaften.

Symptomatisch war, daß die gerade 7000 Personen anlockende eigene Mai-Kundgebung des FDGB in Ost-Berlin sich nach Abhaltung größtenteils durch das Brandenburger Tor zur Mai-Kundgebung des DGB fortbewegte.

Ein gewerkschaftlicher Dachverband auf dem Territorium eines sich selbst auflösenden Staates erwies sich immer deutlicher als nicht überlebensfähig.

Am 9. Mai 1990 beschlossen die Vorsitzenden der 20 Einzelgewerkschaften des FDGB, dessen Auflösung herbeizuführen (Dok. 21). Sein Vermögen sollte auf die Einzelverbände verteilt werden. An die Stelle des FDGB trat bis zum Auflösungskongreß ein »Bund der Vorsitzenden der Industriegewerkschaften und Gewerkschaften«. Repräsentiert wurde diese Einrichtung durch einen dreiköpfigen »Sprecherrat«. Schon am 10. Mai traf sich sein Vorsitzender Peter Rothe mit DGB-Chef Ernst Breit zu einem Gespräch über den Vereinigungsprozeß der Gewerkschaften in Deutschland.

Die bisherige FDGB-Vorsitzende Helga Mausch wurde beauftragt, einen letzten FDGB-Bundeskongreß vorzubereiten, auf dem der formale Auflösungsbeschluß vorzunehmen war.

In einer vierstündigen Prozedur mit zwei Tagesordnungspunkten (Vermögensfragen und Auflösung) beendeten die 114 Delegierten des letzten FDGB-Kongresses am 14. September 1990 bei nur zwei Gegenstimmen die 45jährige FDGB-Geschichte (Dok. 22) – gut zwei Wochen vor der deutschen Vereinigung.

Dokumente

Hinweise zur Arbeit mit den Dokumenten

Aus einem westlich-demokratischen Blickwinkel heraus ist es ungemein schwierig, sich in das Rollenverständnis des FDGB hineinzuversetzen. Mehr als 40 Jahre begriff er sich als marxistisch-leninistische Einheitsgewerkschaft. In welcher Position sich Gewerkschaften innerhalb einer Gesellschaftsordnung Leninscher und Stalinscher Prägung befinden, hat Wladimir Iljitsch Lenin 1920 – drei Jahre nach der Oktoberrevolution – grundsätzlich dargestellt (Dok. 1). Er bezieht sich hierbei auf die sowjetrussische Situation zu diesem Zeitpunkt. Das von ihm beschriebene und in die Praxis umgesetzte Modell äußerst beschränkter gewerkschaftlicher Bewegungsfreiheit unter der Oberhoheit der Partei ist jedoch nach dem Zweiten Weltkrieg auf alle Ostblockstaaten, darunter die DDR, übertragen worden. Beachtenswert ist in Lenins Ausführungen auf der einen Seite die strikte Zurückweisung gewerkschaftlicher Selbstbestimmung, während er auf der anderen Seite die hohe Wertschätzung gewerkschaftlicher Betätigung zum Nutzen der Partei zum Ausdruck bringt.

Die weiteren Dokumente lassen sich der Zeitabfolge nach so bündeln:

Entstehungsphase (1945-1947)

Die rechtliche Voraussetzung für die Aufnahme gewerkschaftlicher Arbeit in der SBZ war der schon gut einen Monat nach Kriegsende erlassene Befehl Nr. 2 der sowjetischen Besatzungsmacht (Dok. 2). Diese Maßnahme war mit den Westalliierten nicht abgestimmt und fand zu einem Zeitpunkt statt, als die Sowjets noch alleinige Besatzungsmacht in der deutschen Hauptstadt Berlin waren. Der Befehl, der zugleich parteipolitische Betätigung ermöglichte, dokumentiert die Absicht der UdSSR, ein fertiges Gewerkschaftsmodell für ganz Deutschland zu schaffen. Darin war durchaus der Kompromiß mit nicht-kommunistischen Gewerkschaftern vorgesehen, freilich nicht ohne daß sich die Besatzungsmacht Eingriffs- und Kontrollmöglichkeiten vorbehielt. Auf der Grundlage dieses Befehls entstand fünf Tage nach dessen Verkündung und konfliktreichen Verhandlungen ein erster Aufruf des FDGB, seine »Geburtsurkunde« (Dok. 3). Hieran waren sämtliche früheren Gewerkschaftsrichtungen beteiligt, so daß diesem Dokument Überparteilichkeit zu bescheinigen ist (als Vergleich hierzu bietet sich die in Dok. 14 und 15 zutage tretende totale SED-Hörigkeit späterer Jahre an). Nachdem dieser Kompromiß – die Einheitsgewerkschaft ohne nähere inhaltliche Bestimmung – geglückt war, setzte rasch der Kampf um die Vorherrschaft im FDGB ein. Mit welchen Methoden gearbeitet wurde, zeigt beispielhaft ein Zeitzeugnis von den ersten Gewerkschaftswahlen in der SBZ (Dok. 4).

Stalinisierungsphase (1947-1950)

1947 verstärkte die UdSSR ihre Anstrengungen, die SBZ nach ihrem eigenen Vorbild umzugestalten. Für den FDGB war die Übertragung des sowjetischen Systems der Arbeitsmobilisierung kraft des SMAD-Befehls Nr. 234 besonders bedeutsam (Dok. 5). Vor allem die Einführung des Akkord- und Prämiensystems zielte auf eine Entsolidarisierung der Arbeiterschaft. Der flugs erfolgte FDGB-Aufruf zum Befehl (Dok. 6) zeigt, daß er gegen Ende des Jahres 1947 weitgehend seine Unabhängigkeit eingebüßt und sich in einen Erfüllungsgehilfen von Besatzungsmacht und SED verwandelt hatte. Das letzte Hindernis zur Durchsetzung eines uneingeschränkten Vertretungsmonopols des FDGB nach Stalins Fasson waren die unabhängigen, von den Belegschaften gewählten Betriebsräte. Unter einem Vorwand entledigte sich der FDGB Ende 1948 dieser lästigen »Konkurrenz«-Einrichtungen (Dok. 7).

Phase der Unstetigkeit (1950-1954)

Die allzu massiv betriebene Einbindung des FDGB in Ulbrichts stalinistisches System drohte, den letzten Rest an Glaubwürdigkeit der Gewerkschaften zu vernichten und sie auf diese Weise auch für die SED nutzlos zu machen. Mit einer Kampagne gegen besondere Auswüchse versuchte man 1951, diese Gefahr einzudämmen (Dok. 8). Nachdem die SED sich kurz darauf doch wieder für eine harte Gangart entschieden hatte, wuchs die Unruhe in den DDR-Betrieben. Mit dem Bekenntnis zu zwangsweisen Normenerhöhungen (Dok. 9) löste der FDGB im Juni 1953 den ersten Aufstand in der DDR aus. Die Gewerkschaft sorgte im Auftrage der SED für eine Klarstellung, die sie selbst nicht erbracht hatte. Die Streikbewegung nahm – gerade in den industriellen Zentren der DDR – erhebliche Ausmaße an (Dok. 10).

Gewöhnungsphase (1955-1961)

Nachdem die Niederschlagung des Aufstandes zu einer Desillusionierung der DDR-Bevölkerung geführt hatte, gewann der FDGB zwar nicht an tatsächlichem Gewicht, stabilisierte sich jedoch, ohne beliebt zu sein. Die SED bot der Arbeiterschaft mangels wirklicher Mitbestimmung (wie in bemerkenswerter Offenheit im Dok. 12 zugegeben) und geringer Aussicht auf einen der Bundesrepublik vergleichbaren Wohlstand weltanschauliches Theater (Dok. 11). Zu Ulbrichts »10 Geboten der sozialistischen Moral« bekannte sich die FDGB-Spitze ohne Zögern.

Experimentalphase (1961-1970)

Nach einigen wirtschaftspolitischen Experimenten zog Ulbrichts SED mit der Fixierung der FDGB-Rechte in der neuen »sozialistischen« DDR-Verfassung einen vorläufigen Schlußstrich und zugleich eine bündige Zusammenfassung ihrer Vorstellungen von der FDGB-Rolle in der DDR (Dok. 13). Neben der Festschreibung der Monopolstellung des FDGB kommt darin auch seine Einbindung in die betriebliche und überbetriebliche Harmoniewelt Walter Ulbrichts zum Tragen: die FDGB-Beteiligung an den von Ulbrichts Nachfolgern dann kurzerhand wieder abgeschafften »Produktionskomitees« und »Gesellschaftlichen Räten«.

Stagnationsphase (1971-1989)

Die neue SED-Führung nahm den FDGB noch deutlicher unter Parteiregie (Dok. 14 und 15). Sodann stellte sie seine Position auf eine rechtliche, vermeintlich kaum noch reformbedürftige Grundlage. Dies vollzog sich vor allem anhand des neuen Arbeitsgesetzbuches (Dok. 16).

Mit Abschluß dieses Abklärungsprozesses ergab sich in den achtziger Jahren Bewegungslosigkeit und Langeweile in und um den FDGB: Er nahm seine Mitglieder satzungsmäßig für Staat und Partei in die Pflicht (Dok. 17). Auch die einst als neue Form politischer Massenarbeit gepriesenen »Schulen der sozialistischen Arbeit« verflachten zusehends zu einer schematisierten Pflichtübung (Dok. 18).

Endphase (1989/90)

Die Umwälzung in der DDR trug dem FDGB zunächst Enthüllungen über skandalöse Führungspraktiken ein (Dok. 19), sah ihn dann in dem Bemühen, sich mittels einer Verfassungsänderung in die neue Zeit zu retten (Dok. 20), und führte letzten Endes zu seiner Auflösung (Dok. 21 und 22).

DOKUMENT 1

Wladimir Iljitsch Lenin
Über Partei, Staat und Gewerkschaften (1920)

... will ich mit der von uns gemachten Erfahrung beginnen – entsprechend dem allgemeinen Plan der vorliegenden Schrift, die den Zweck hat, auf Westeuropa das anzuwenden, was in der Geschichte und der heutigen Taktik des Bolschewismus allgemein anwendbar, von allgemeiner Bedeutung und allgemeiner Gültigkeit ist.

Das Verhältnis zwischen Führer, Partei, Klasse und Masse und damit zugleich das Verhältnis der Diktatur des Proletariats und seiner Partei zu den Gewerkschaften hat bei uns jetzt konkret folgende Form angenommen: Die Diktatur wird durch das in den Sowjets organisierte Proletariat verwirklicht, dessen Führer die Kommunistische Partei der Bolschewiki ist.

[...]

Wir fürchten eine übermäßige Ausdehnung der Partei, denn in eine Regierungspartei versuchen sich unvermeidlich Karrieristen und Gauner einzuschleichen, die nur verdienen, erschossen zu werden.

[...]

Die Partei, die alljährlich ihre Parteitage abhält (bei dem letzten entfiel auf 1 000 Mitglieder 1 Delegierter), wird vom Zentralkomitee geleitet, das aus 19 Personen besteht und auf dem Parteitag gewählt wird; die laufende Arbeit in Moskau wird von noch engeren Kollegien geleitet, dem sogenannten »Orgbüro« (Organisationsbüro) und dem sogenannten »Politbüro« (Politisches Büro), die aus je fünf Mitgliedern des Zentralkomitees bestehen und in Plenarsitzungen des Zentralkomitees gewählt werden. Hier haben wir also eine regelrechte »Oligarchie«. Keine einzige wichtige politische oder organisatorische Frage wird in unserer Republik von irgendeiner staatlichen Institution ohne Direktiven des Zentralkomitees unserer Partei entschieden.

Die Partei stützt sich bei ihrer Arbeit unmittelbar auf die *Gewerkschaften*, die ... der Form nach *parteilos* sind. Faktisch bestehen alle leitenden Körperschaften der weitaus meisten Verbände und in erster Linie natürlich der Zentrale oder des Büros aller Gewerkschaften ganz Rußlands (WZSPS – Gesamtrussischer Zentralrat der Gewerkschaften) aus Kommunisten und führen alle Direktiven der Partei durch. Im großen und ganzen haben wir also einen der Form nach nicht kommunistischen, elastischen und verhältnismäßig umfassenden, überaus mächtigen proletarischen Apparat, durch den die Partei mit der *Klasse* und der *Masse* eng verbunden ist und durch den, unter Führung der Partei, die *Diktatur der Klasse* verwirklicht wird. Ohne die engste Verbindung mit den Gewerkschaften, ohne ihre tatkräftige Unterstützung, ohne ihre selbstlose Arbeit beim Aufbau nicht nur der Wirtschaft, *sondern auch der Armee*, hätten wir das Land selbstverständlich keine 2½ Monate, geschweige denn 2½ Jahre regieren und die Diktatur ausüben können. Diese überaus enge Verbindung bedeutet natürlich in der Praxis eine sehr komplizierte und mannigfaltige Arbeit der Propaganda, der Agitation, der rechtzeitigen und häufigen Beratungen nicht nur mit den leitenden, sondern überhaupt mit den einflußreichen Gewerkschaftlern.

Quelle: Wladimir Iljitsch Lenin: Der »linke Radikalismus«, die Kinderkrankheit im Kommunismus, in: Ders.: Ausgewählte Werke in sechs Bänden, Band V, Berlin (Ost) 1980, S. 496f.

DOKUMENT 2

Befehl Nr. 2 des Obersten Chefs der Sowjetischen Militärischen Administration

10. Juni 1945 Berlin

Am 2. Mai d. J. besetzten die Sowjettruppen Berlin. Die Hitlerarmeen, die Berlin verteidigten, haben kapituliert, und einige Tage darauf hat Deutschland die Urkunde über die bedingungslose militärische Kapitulation unterzeichnet. Am 5. Juni wurde im Namen der Regierungen der Union der Sozialistischen Sowjetrepubliken, der Vereinigten Staaten von Amerika, Großbritanniens und Frankreichs die Deklaration über die Niederlage Deutschlands und die Übernahme der Obersten Befehlsgewalt über ganz Deutschland durch die obengenannten Mächte bekanntgegeben. Seit der Besetzung Berlins durch die Sowjettruppen besteht im Gebiet der sowjetischen Besetzungszone in Deutschland feste Ordnung, sind örtliche Organe der Selbstverwaltungen und die nötigen Bedingungen für eine freie gesellschaftliche und politische Betätigung der deutschen Bevölkerung geschaffen worden.

In Anbetracht des oben Ausgeführten befehle ich:

1. Im Bereich der sowjetischen Besetzungszone in Deutschland die Schaffung und Tätigkeit aller antifaschistischen Parteien zu erlauben, die sich die endgültige Ausrottung der Reste des Faschismus und die Festigung der demokratischen Grundlagen und bürgerlichen Freiheiten in Deutschland zum Ziel setzen und in dieser Richtung die Initiative und freie Betätigung der breiten Massen der Bevölkerung fördern.

2. Der werktätigen Bevölkerung in der sowjetischen Besetzungszone in Deutschland das Recht zu Vereinigung in freie Gewerkschaften und Organisationen zur Wahrung der Interessen und Rechte der Werktätigen einzuräumen. Den Gewerkschaften und Vereinigungen das Recht zur Abschließung kollektiver Verträge mit den Unternehmern sowie zur Organisierung von Versicherungskassen und anderen In-

stitutionen gegenseitiger Unterstützung, Kultur-, Aufklärungs- und anderen Bildungs-Vereinigungen und Organisationen zu gewähren.
3. Alle in den Punkten 1 und 2 erwähnten antifaschistischen Parteiorganisationen und freien Gewerkschaften haben ihre Statuten oder die Programme ihrer Tätigkeit in den örtlichen Selbstverwaltungen und bei den militärischen Kommandanten zu registrieren und ihnen gleichzeitig die Listen der Mitglieder ihrer führenden Organe vorzulegen.
4. Festzulegen, daß für die ganze Zeit der Durchführung des Besetzungsregimes die Tätigkeit aller in den Punkten 1 und 2 erwähnten Organisationen unter der Kontrolle der Sowjetischen Militärischen Administration und in Übereinstimmung mit den von ihr herausgegebenen Instruktionen ausgeübt wird.
5. In Übereinstimmung mit oben Dargelegtem sind die ganze faschistische Gesetzgebung und alle faschistischen Beschlüsse, Befehle, Verordnungen, Instruktionen usw., die sich auf die Tätigkeit der antifaschistischen politischen Parteien und freien Gewerkschaften beziehen und gegen die demokratischen Freiheiten, bürgerlichen Rechte und Interessen des deutschen Volkes gerichtet sind, aufzuheben.

Der Oberste Chef der Sowjetischen Militärischen Administration
Marschall der Sowjetunion G.K. Shukow

Der Stabschef der Sowjetischen Militärischen Administration
Generaloberst W.W. Kurasow

Quelle: Tägliche Rundschau, Nr. 24 vom 11. Juni 1945, S. 1.

DOKUMENT 3

Aufruf des vorbereitenden Gewerkschaftsausschusses für Groß-Berlin (15. Juni 1945)

Die Tyrannei des Hitlerfaschismus ist durch die verbündeten Armeen zerschlagen. Millionen Toter und Verwundeter, zerstörte Städte, vernichtetes Eigentum, Witwen und Waisen klagen an. Furchtbar hat Hitler sein großsprecherisches Wort wahr gemacht, das er bei seiner Machtergreifung verkündete: »Gebt mir zehn Jahre Zeit, und ihr werdet Deutschland nicht mehr wiedererkennen.« Durch seine barbarische Rassenlehre und den Vernichtungsfeldzug gegen andere Völker hat Hitler die eigene Nation geschändet.

Der Weg zum Abgrund begann schon vor 1933. Die demokratischen Kräfte waren gespalten und zu unentschlossen, um entscheidenden Widerstand zu leisten. Der 1. Mai 1933 war der schwärzeste Tag in der Geschichte der Arbeiterbewegung. Hitler kam zu ungehemmter Macht.

Mord und Versklavung im Innern waren der Anfang. Zur ungehinderten Durchführung seiner verbrecherischen Pläne zerschlug er die Arbeiter- und Angestelltengewerkschaften. Aus dem geraubten Hab und Gut schufen die Faschisten die Deutsche Arbeitsfront, das Instrument zur Versklavung der Arbeiterschaft und zur Vorbereitung ihres Raubkrieges. Nutznießer der Volksnot und Abenteurer standen an der Spitze.

Dann begann der Eroberungskrieg, der Vernichtungsfeldzug gegen die anderen Völker. Rüstungsindustrielle, Großgrundbesitzer und sonstige Militaristen verbündeten sich mit Hitler und seiner verbrecherischen Clique und opferten kaltblütig das deutsche Volk ihrem Machthunger. Hitler befahl die Ausradierung fremder Städte: Warschau, Rotterdam, London und Stalingrad wurden zerstört. Das härteste Schicksal bereitete er den slawischen Völkern. Arbeiter und Arbeiterinnen anderer Völker wurden versklavt. Wohin immer die Horden seiner SS und Sonderkommandos kamen, hatten sie Blut und Tränen, Hunger und Tod im Gefolge. Und die deutsche Armee, von nur allzu vielen verantwortungslosen und ehrgeizigen Generalen geführt, war ebenso willenloses Werkzeug für Hitlers Schandtaten.

Nach Zerschlagung der deutschen Gewerkschaften fanden sich Männer zusammen, die aktiv am Kampf gegen den Hitlerfaschismus teilnahmen. Viele von ihnen sind den Henkern der Gestapo zum Opfer gefallen. Auch unter den Freiheitskämpfern des 20. Juli 1944, die das Hitlertum zu stürzen versuchten, waren verantwortliche Männer der früheren Gewerkschaften. Nur wenige von ihnen entgingen dem Strang.

Dem Kampf der aktiven antifaschistischen Gruppen in Deutschland blieb der Erfolg versagt. So mußten die verbündeten Armeen den opferreichen Kampf für die Befreiung Deutschlands von der Herrschaft der faschistischen Kriegsbrandstifter mit ihren Kräften führen. Erst mit der Eroberung Berlins durch die Rote Armee fand Hitler sein schmachvolles Ende. Nun können wir uns selbst überzeugen, daß die Vereinten Nationen den Krieg nicht zur Vernichtung des deutschen Volkes geführt haben.

Nach dem Einzug der Roten Armee in Berlin wurde mit Genehmigung des Stadtkommandanten eine zivile Verwaltung auf der

Grundlage der Einheit aller antifaschistischen demokratischen Kräfte erreicht.

Die notwendigen Maßnahmen zur Sicherung der Versorgung der Bevölkerung und zur Wiederherstellung des normalen Lebens sind in Angriff genommen. Der Befehl des obersten Chefs der Sowjetischen Militärischen Administration gibt den Arbeitern und Angestellten das Recht zur Vereinigung in freien Gewerkschaften.

Damit ist der von den Arbeitern und Angestellten langersehnte Zeitpunkt gekommen, sich wieder gewerkschaftlich zu organisieren.

Die Unterzeichneten haben einen Ausschuß zum Wiederaufbau freier, demokratischer Gewerkschaften für Groß-Berlin gebildet. Wir sind überzeugt, dem Willen der Berliner Arbeiterschaft Ausdruck zu geben, wenn wir erklären:

Die neuen freien Gewerkschaften sollen unter Zusammenfassung aller früheren Richtungen in ihrer Arbeit eine

Kampfeinheit zur völligen Vernichtung des Faschismus und zur Schaffung eines neuen demokratischen Rechts der Arbeiter und Angestellten

werden. Ihre Aufgabe ist vor allem, mitzuhelfen bei der Neugeburt unseres Volkes und bei der Heilung der Wunden, die der unselige Hitlerkrieg der Welt geschlagen hat. Die Arbeit der deutschen Gewerkschaften soll Gewähr sein für die Wiedererweckung des Vertrauens der Völker. Sie sollen mithelfen, ein demokratisches Deutschland, das in Frieden und Freundschaft mit den anderen Völkern leben will, zu schaffen. Durch ehrliche und angestrengte Arbeit am Wiederaufbau und zur Wiedergutmachung des in anderen Ländern Zerstörten wollen sie mitwirken, das Vertrauen der anderen Völker wiederzugewinnen.

Der Ausschuß wird die gewerkschaftlichen Grundsätze ausarbeiten und sie mit dem internationalen Gewerkschaftskomitee in Übereinstimmung bringen. Wir schlagen den Arbeitern und Angestellten Berlins vor, ihre Meinung zu folgenden

Erstaufgaben der freien Gewerkschaften zu äußern:

1. Entschlossener Kampf gegen die nazistische Ideologie und das Gift des deutschen Militarismus. Darum Säuberung aller Posten in Stadtverwaltung und Betrieben von aktiven faschistischen Elementen.
2. Einsatz aller Arbeitskräfte, um die Versorgung der Bevölkerung zu sichern und Berlin durch angestrengte Arbeit wieder aufzubauen. Raschmöglichste Wiederingangsetzung der Versorgungsbetriebe und Werkstätten, der Energieversorgung und der Verkehrsmittel von Groß-Berlin.
3. Vertretung der Arbeiter und Angestellten im Rahmen der Bestimmungen der Besatzungsbehörden durch Abschlüsse von Tarifverträgen und Organisierung des Arbeitsschutzes und des Arbeitseinsatzes. Mitarbeit beim Wiederaufbau der Wirtschaft und der Sozialversicherung unter Sicherung des demokratischen Mitbestimmungsrechtes der Arbeiter und Angestellten.
4. Erziehung der Arbeiterschaft im Geiste des Antifaschismus, des demokratischen Fortschritts und zur Erkenntnis ihrer sozialen Lage. Pflege der Verbundenheit mit den Arbeitern der anderen Länder und Festigung der Freundschaft zu den anderen Völkern.

Arbeiter und Angestellte!

Die Nazityrannei ist tot! An uns liegt es jetzt, trotz aller Schwierigkeiten Hand anzulegen zum Neuaufbau. Wieder, wie nach 1918, liegt das Schicksal der Heimat in unserer Hand. Wir dürfen diesmal nicht versagen.

Beweisen wir der Welt, daß die geeinte Arbeiterschaft, durch die Vergangenheit belehrt, sich ihrer besten gewerkschaftlichen Tradition bewußt, gewillt ist, ein antifaschistisches Bollwerk zu schaffen; daß sie entschlos-

sen ist, sich mit ganzer Kraft einzusetzen für die Schaffung eines demokratischen Deutschlands, für ein friedliches Zusammenleben mit anderen Völkern.

Berlin, den 15. Juni 1945

Der vorbereitende Gewerkschaftsausschuß für Groß-Berlin

Otto Braß	Hermann Schlimme
Bernhard Göring	Paul Walter
Roman Chwalek	Jakob Kaiser
Ernst Lemmer	Hans Jendretzky

Quelle: Deutsche Volkszeitung, Nr. 3 vom 15. Juni 1945, S. 1.

DOKUMENT 4

Wolfgang Leonhard
Während der Gewerkschaftswahlen
(Januar 1946)

Kurz nach Wilhelm Piecks Geburtstag (3. 1. 1946, U.G.) kam ein Sonderauftrag: »Wir müssen sofort ein Schulungsheft ausschließlich über die für Anfang Februar 1946 vorgesehenen Gewerkschaftsdelegiertenkonferenzen herausgeben.« Ich war sehr erstaunt, denn an ein Schulungsheft für FDGB-Konferenzen hatte ich bisher noch nicht gedacht. Es war zunächst unverständlich, warum auf einmal diesen Dingen solche Bedeutung beigemessen wurde.

Wenige Tage später wuchs mein Erstaunen: Selbst wir, die Mitarbeiter des ZK, wurden genau instruiert, wo und wann wir an den Gewerkschaftswahlen teilnehmen zu hatten. »Diese Wahlen sind die entscheidendsten und wichtigsten, die es überhaupt gibt. Jede Stimme ist kostbar«, wurde uns erklärt.

Einige von uns – darunter auch ich – wurden sogar schnell in andere Gewerkschaften umgeschrieben, um dort unsere Stimmen abgeben zu können.

Alles blickte wie gebannt auf die Gewerkschaftswahlen.

»Du, komm mal heute und morgen abend mit, bei uns wird jetzt Politik gemacht«, lud mich Waldemar Schmidt zur Berliner Leitung der KPD ein. In einem kleinen Zimmer saßen die wichtigsten Funktionäre der Berliner Organisation und auch einige Gewerkschaftsspezialisten des ZK. In der Mitte des Zimmers saß – Ulbricht.

Im Nebenzimmer war ein Telefondienst eingerichtet worden; in jedem Bezirk waren einige Funktionäre für die Verbindung mit der Berliner Bezirksleitung bereitgestellt. Sie hatten die Anweisung, uns sofort alle Neuigkeiten aus den Bezirken durchzugeben. Unaufhörlich trafen Berichte über die Stimmung und die Situation in den Betrieben ein.
Ulbricht war mit Energie geladen. Das Ganze mutete wie ein Feldzug an.

»Sofort durchgeben – an alle: Nur Kommunisten wählen, nur Kommunisten. Jetzt entscheidet sich alles!«

Wenige Minuten später kam ein Funktionär aus dem Nebenzimmer: »Die Genossen wollen nicht. Sie sagen, sie hätten mit den Sozialdemokraten abgemacht, die Gewerkschaftsleitung paritätisch zusammenzusetzen. Unsere Genossen sollen deswegen auch für die Sozialdemokraten stimmen.«

»Kommt jetzt überhaupt nicht in Frage. Ganz fest sein – nur Kommunisten wählen.«

Der Funktionär gab die Anweisung durch. Nach einer Viertelstunde kam er wieder:

»Die Genossen sind unzufrieden. Sie sagen, wenn wir uns nicht an unsere Abmachung mit den Sozialdemokraten halten, machen wir die Einheit kaputt.«

»Die Einheit wird um so fester, je mehr Kommunisten wir in der FDGB-Leitung haben. Sag ihnen das«, war Ulbrichts Antwort. Die Parteidisziplin war stärker als Wünsche und Gefühle der zur ehrlichen Zusammenarbeit bereiten Genossen in allen Teilen Berlins. In den Berliner FDGB-Wahlen erhielt die KPD eine Mehrheit.

Ulbricht strahlte – aber die Genossen aus den Berliner Bezirken waren verbittert:

»Das werden uns die sozialdemokratischen Genossen niemals verzeihen. Denen ist doch nicht entgangen, daß wir nur für die Kommunisten gestimmt haben. Durch diese Wahl haben wir die Früchte einer monatelangen Zusammenarbeit zerstört.«

Dann aber, als die Berliner Gewerkschaftsleitung »stand«, wurde den SPD-Leuten im Namen der KP-Fraktion großmütig Parität angeboten. »Wenn das geplant war«, sagte mir ein Bezirksfunktionär, »dann hätten wir uns lieber an die Abmachung mit den sozialdemokratischen Genossen halten sollen. Wir hätten das gleiche Ergebnis erzielt, aber nicht das Vertrauen in den Betrieben zerstört.«

Daran lag Ulbricht nichts. Er hatte alles aufs Spiel gesetzt, um die Stärke der KPD in den Gewerkschaften zu demonstrieren, und dann die Parität angeboten, um die höheren Funktionäre der SPD zu gewinnen.

Quelle: Wolfgang Leonhard: Die Revolution entläßt ihre Kinder, © 1955, 1981, 1987, 1990 by Verlag Kiepenheuer & Witsch, Köln.

DOKUMENT 5

Befehl Nr. 234 des Obersten Chefs der Sowjetischen Militäradministration in Deutschland über Maßnahmen zur Erhöhung der Arbeitsproduktivität und zur weiteren Verbesserung der materiellen Lage der Arbeiter und Angestellten der Industrie und des Verkehrswesens (9. Oktober 1947)

Nach dem Zusammenbruch des volksfeindlichen Regimes des aggressiven Hitlerdeutschlands wurden in der sowjetischen Besatzungszone überaus wichtige Maßnahmen durchgeführt, um die gesetzmäßigen Rechte der Arbeiter und Angestellten zu verankern. Der Achtstundenarbeitstag und gleicher Lohn für gleiche Arbeit wurden eingeführt. Der bezahlte Urlaub für Arbeiter und Angestellte wurde wiederhergestellt und verlängert. Das Recht der Werktätigen, sich in Gewerkschaften und anderen demokratischen Organisationen frei zu organisieren, wurde wiederhergestellt. Die im Interesse der Unternehmer eingeführten einseitigen faschistischen Tarifordnungen wurden abgeschafft. Es werden wieder Tarifverträge zwischen den Arbeitern und den Unternehmern abgeschlossen. Es bestehen demokratisch gewählte Betriebsräte, die ihre Funktionen ausüben. Das Mitbestimmungsrecht der Arbeiter und Angestellten bei der Lösung von Fragen, die mit der Arbeit des Betriebes im Zusammenhang stehen, sowie das Kontrollrecht sind gesichert. Eine einheitliche demokratische Sozialversicherung wurde eingeführt. Allein im abgelaufenen Jahr wurden für die Sozialversicherung und Sozialfürsorge der Werktätigen in der sowjetischen Besatzungszone über zwei Milliarden Mark ausgegeben. In der sowjetischen Besatzungszone sind die Errungenschaften der deutschen Arbeiterbewegung auf dem Gebiete der Arbeitsgesetzgebung und der Rechte der Arbeiter und Angestellten nicht nur wiederhergestellt, sondern in einem Maße erweitert worden, wie es in der Geschichte Deutschlands noch nie der Fall war.

Gleichzeitig wurden die Banken, Betriebe der Konzerne, Truste und anderer Monopole sowie Betriebe ehemaliger aktiver Faschisten und Militaristen dem Volke übereignet. Eine große Arbeit zur Demokratisierung und Säuberung des Verwaltungsapparates von ehemaligen aktiven Faschisten, Militaristen und Kriegsverbrechern wurde geleistet. Die Schlüsselpositionen der Wirtschaft befinden sich jetzt in den Händen des Volkes.

Das alles war die Grundlage der Erfolge, die von den Werktätigen beim Wiederaufbau der Friedenswirtschaft erzielt wurden. Infolgedessen gibt es in der sowjetischen Besatzungszone keine Arbeitslosigkeit, es besteht im Gegenteil Mangel an Arbeitskräften.

Die weitere Wiederherstellung und Entwicklung der Industrie und des Verkehrswesens erfordert vor allem eine Erhöhung der Arbeitsproduktivität und eine Festigung der Arbeitsdisziplin. In vielen Werken und Fabriken, Gruben und Eisenbahnen befinden sich die Arbeitsdisziplin und die Arbeitsproduktivität noch auf einem niedrigen Niveau.

Diese Lage steht nicht nur mit den schweren Folgen des aggressiven Hitlerkrieges im Zusammenhang. Sie ist auch eine Folge der ungenügenden Aufmerksamkeit einiger Verwaltungsorgane, Betriebsdirektoren und demokratischer Organisationen in bezug auf die restlose Ausnutzung aller Möglichkeiten für die Verbesserung der Lage der Arbeiter, welche die Hauptkraft der Demokratisierung und des wirtschaftlichen Aufschwunges in der sowjetischen Besatzungszone sowie für die Entwicklung der Wirtschaft darstellen. Es wäre falsch, anzunehmen, daß die neue Demokratie, bei der die Schlüsselpositionen der Wirtschaft sich in den Händen des Volkes befinden, eine Senkung der Arbeitsproduktivität und eine Verschlechterung der Arbeitsdisziplin im Vergleich zu der alten Ordnung bedeute. Im Gegenteil, die neue Demokratie bedeutet eine höhere Arbeitsproduktivität, die die Möglichkeit bietet, den Verfall zu überwinden und zu einem unvergleichlich höheren Niveau der materiellen Versorgung der Werktätigen zu gelangen.

Die Steigerung der Arbeitsproduktivität und die Entfaltung der bewußten eigenen Initiative der Werktätigen für den wirtschaftlichen Aufschwung der sowjetischen Besatzungszone stellt gegenwärtig das Hauptbindeglied in dem System der Volkswirtschaft und den Schlüssel zur Lösung aller anderen wirtschaftlichen Probleme dar.

Ich befehle:

1. Den Länderregierungen und den deutschen Verwaltungsorganen, den Betriebs- und Fabrikleitern, den Direktoren der Gruben, der Eisenbahn und anderer Betriebe, ihrer Tätigkeit Maßnahmen zur Verbesserung der Arbeit der Produktionsbetriebe und des Transportwesens, zur Steigerung der Arbeitsproduktivität und zum

Kampf gegen die Bummelanten sowie zur Verbesserung der Lebenslage der Arbeiter und Angestellten der Industrie und des Transportwesens zugrunde zu legen, wobei insbesondere alle lokalen Hilfsquellen und Möglichkeiten für diesen Zweck festzustellen und auszunutzen sind.

Ich rufe alle antifaschistischen Parteien, Gewerkschaften und Betriebsräte sowie alle anderen öffentlichen Organisationen und die demokratische Presse auf, die Verwaltungsorgane und Betriebsleitungen bei der Durchführung dieser überaus wichtigen Aufgaben zu unterstützen, damit ein allgemeiner Arbeitsaufschwung in der sowjetischen Besatzungszone zur Beschleunigung des Wiederaufbaus zur Entwicklung der Friedenswirtschaft und zur Steigerung des Lebensstandards der Bevölkerung erreicht wird.

2. Die Verordnung und Befehle des Hitlerregimes über die Betriebsordnungen, über Geldstrafen und andere Maßregelungen der Arbeiter sind aufzuheben, da sie die Würde der Arbeiter beleidigen.

Die von der Deutschen Verwaltung für Arbeit und Sozialfürsorge sowie den Gewerkschaften ausgearbeiteten neuen Betriebsordnungen, welche eine normale Arbeitsordnung in den Betrieben gewährleisten und einen entschlossenen Kampf gegen Bummelanten und Desorganisatoren der Arbeit vorsehen, sind genehmigt und in allen Betrieben, Fabriken, Gruben und bei der Eisenbahn einzuführen.

[...]

4. Die Anwendung von Stück- und Akkordlohn als Mittel zur Steigerung der Arbeitsproduktivität und zur Erhöhung des Lohnes für die Arbeiter ist zu erweitern, vor allem im Erzbergbau, in der Kohlen- und Metallindustrie, im Maschinenbau, in der elektrotechnischen Industrie und im Eisenbahntransportwesen. Bei der Berechnung der Akkordlöhne sind die in Tarifverträgen garantierten Mindestlöhne zugrunde zu legen.

5. Die Lohnsätze in der Textil- und Bekleidungsindustrie sind zu überprüfen und alle niedrigeren Sätze für Frauenarbeit entsprechend dem in der sowjetischen Besatzungszone festgelegten Grundsatz »Gleicher Lohn für gleiche Arbeit« abzuschaffen.

[...]

7. Ab April 1948 ist folgender bezahlter Urlaub festzusetzen: Für Arbeiter mit schädlicher und schwerer Arbeit oder Arbeit bei hohen Temperaturen in Angleichung an die Urlaubszeit der Spezialisten,

Ingenieure und Techniker: 18 bis 24 Arbeitstage; für alle anderen Arbeiter in Angleichung an die bisherige Urlaubszeit der Angestellten: 12 Arbeitstage.

Sind in einzelnen Betrieben in den neu abgeschlossenen Tarifverträgen günstigere Urlaubsbestimmungen vorgesehen, so sind diese Vertragsbestimmungen wirksam.

8. Die Länderregierungen und die deutschen Arbeitsämter haben Maßnahmen zu ergreifen, um die Betriebe und wichtige Bauplätze mit Arbeitskräften, hauptsächlich durch freiwillige Anwerbung, zu versorgen und die Fluktuation der Arbeitskräfte auszuschalten, damit die Anwendung der im Befehl Nr. 3 des Kontrollrats vorgesehenen Zwangsmobilisierung von Arbeitskräften weitestgehend eingeschränkt wird.

9. Zur Verbesserung der Ernährung von Arbeitern und Angestellten der Betriebe der führenden Industriezweige und des Transportwesens ist ab 1. November 1947 täglich eine warme Mahlzeit über die auf die Hauptkarten erhaltenen Rationen hinaus einzuführen: für hochqualifizierte Arbeiter der führenden Betriebe, für Arbeiter in körperlich schwerer und gesundheitsschädlicher Arbeit sowie für Ingenieure und Techniker nach den Normen für warmes Essen der ersten Gruppe, für die übrigen Arbeiter und Angestellten dieser Betriebe nach den Normen für warmes Essen zweiter Gruppe.

Im vierten Quartal 1947 ist die Freigabe von Lebensmitteln für zusätzliches warmes Essen zu erhöhen, um die Zahl der Arbeiter und Angestellten der Betriebe, die zusätzliches warmes Essen bekommen, in der sowjetischen Besatzungszone von 350 000 auf 1 000 000 zu vermehren.

Die Länderregierungen und der Präsident der Deutschen Verwaltung für Handel und Versorgung haben die Bereitstellung von Lebensmitteln guter Qualität für die zusätzliche warme Verpflegung entsprechend den festgesetzten Normen zu sichern sowie durch die Betriebsräte und Gewerkschaftsorganisationen in den Betrieben die Kontrolle über die zweckmäßige Verwendung der Lebensmittel, über die Ausgabe und die Qualität der Essenzubereitung zu organisieren.

Es ist vorzusehen, daß Betriebe, die durch eigene Schuld ihren Produktionsplan systematisch nicht erfüllen und sich um eine Verbesserung ihrer Arbeit nicht bemühen, auf Vorschlag der Länderregierungen und nach Bestätigung durch die zuständigen Organe der

SMA zeitweilig von der zusätzlichen warmen Verpflegung ausgeschlossen werden können.

10. Die Arbeiter und Angestellten der führenden Betriebe der sowjetischen Besatzungszone sollen bevorzugt mit Industriewaren versorgt werden, wobei die Qualitätsleistungen dieser Betriebe zu berücksichtigen sind.

   Die Landesregierungen haben vom vierten Quartal 1947 ab aus den Fonds des Landesbedarfs Stoffe, Kleider, Schuhe und Kohle zum Verkauf auf Bezugscheine, die in den Betrieben ausgestellt werden, freizustellen. Die Betriebsräte und die Gewerkschaftsorganisationen geben im Einvernehmen mit den Betriebsleitern die Bezugscheine für Industriewaren in erster Linie für gute Produktionsleistungen aus.

   Die Deutsche Wirtschaftskommission hat Maßnahmen zur Steigerung der Erzeugung von Industriewaren, insbesondere durch die Heimindustrie und das Handwerk, mit Hilfe der lokalen Rohstoffe und der Abfälle der Industriebetriebe für die zusätzliche Versorgung der Arbeiter und Angestellten mit Kleidern, Schuhen und anderen Gebrauchsgegenständen auszuarbeiten und zur Bestätigung vorzulegen.

11. Zur Verbesserung der ärztlichen Betreuung der Arbeiter und Angestellten in den Betrieben der sowjetischen Besatzungszone:

   a) sind die Länderregierungen zu verpflichten, im Laufe der nächsten zwei Jahre die Organisierung von Sanitätsstellen in allen Betrieben mit 200 bis 5000 Beschäftigten zu sichern. In den Betrieben mit über 5000 Beschäftigten sollen Betriebspolikliniken eingerichtet werden.

   Die Bereitstellung von Räumen und die Ausgaben für den Unterhalt der betrieblichen Sanitätsstellen und Polikliniken sowie für die Beschaffung von Möbeln haben durch die Betriebe zu erfolgen; die Ausgaben für den Unterhalt des ärztlichen Personals, für die Beschaffung der medizinischen Einrichtung und Medikamente haben die Organe der Sozialversicherung zu bestreiten.

   b) Die Lebensmittelversorgung der Ärzte der betrieblichen Sanitätsstellen und Polikliniken hat nach den höchsten Versorgungsnormen der Arbeiter in dem von ihnen betreuten Betrieb zu erfolgen.

c) Die Ausgabe von zusätzlicher warmer Verpflegung hat auch an das medizinische Personal der Sanitätsstellen und Polikliniken der Betriebe zu erfolgen, in denen diese Verpflegung eingeführt ist.

d) Eine unverzügliche Einführung einer für die ganze sowjetische Besatzungszone einheitlichen offiziellen ärztlichen Bescheinigung für den Fall der Arbeitsunfähigkeit sowie die Anwendung von Strafmaßnahmen gegen Ärzte, die solche Bescheinigungen bewußt an Personen, die sich vor Arbeit drücken ohne einen ausreichenden medizinischen Grund, ausstellen, sind vorzusehen. Die schuldigen Ärzte können das Recht verlieren, ihre private ärztliche Praxis auszuüben.

12. Die Betriebsleiter haben sich ständig mit den Fragen der Verbesserung der Wohn- und Lebensverhältnisse der Werktätigen zu beschäftigen, wobei der Versorgung der Arbeiterumsiedler besondere Aufmerksamkeit zu schenken ist.

Im vierten Quartal 1947 ist die Instandsetzung der Gemeinschaftswohnungen der Arbeiter und der Kinderstätten abzuschließen.

[...]

14. Die Verantwortung für die Durchführung dieses Befehls ist den Länderregierungen, der Deutschen Verwaltung für Arbeit und Sozialfürsorge sowie der Deutschen Wirtschaftskommission der sowjetischen Besatzungszone aufzuerlegen.

Die allgemeine Kontrolle über die Durchführung dieses Befehls obliegt den Chefs der Sowjetischen Militäradministrationen der Länder, der Planungsabteilung und der Abteilung für Arbeitskraft bei der SMA.

Der Oberste Chef der Sowjetischen Militäradministration und Oberkommandierende der sowjetischen Besatzungstruppen in Deutschland Marschall der Sowjetunion W. Sokolowski

Der Chef des Stabes der Sowjetischen Militäradministration in Deutschland Generalleutnant G. Lukjantschenko

Quelle: Neues Deutschland, Nr. 265 vom 11. November 1947, S. 4.

DOKUMENT 6

Aufruf des FDGB zum Befehl Nr. 234
(13. Oktober 1947)

An die Belegschaften der Betriebe in der sowjetisch besetzten Zone.
An alle Mitglieder des FDGB.

Arbeiter und Angestellte! Kolleginnen und Kollegen! Durchdrungen von der Überzeugung, daß die demokratische Zukunft Deutschlands in hohem Grade vom Zielbewußtsein und vom aktiven Handeln des deutschen Arbeiters abhängt, begrüßen wir die in dem Aufbauplan 234 enthaltenen Maßnahmen zur Steigerung der Arbeitsproduktivität und zur weiteren Verbesserung der materiellen Lage der Arbeiter und Angestellten in der Industrie und im Verkehrswesen.

Diese Maßnahmen sind in ihrer Bedeutung ebenbürtig den Gesetzen, die zur Übereignung der Betriebe der Monopolisten und Kriegstreiber, zur Bodenreform und zum Mitbestimmungsrecht der Gewerkschaften und Betriebsräte geführt haben.

Damit ist ein weiteres wichtiges Glied in die Reihe der Anordnungen der sowjetischen Besatzungsmacht eingefügt worden, die sich auf die demokratische Neugestaltung der Wirtschaft und des sozialen Lebens beziehen.

Den Arbeitern und Angestellten der Industrie und des Verkehrswesens wird die Möglichkeit gegeben, unter voller Entfaltung ihrer eigenen Initiative durch die Steigerung der Arbeitsproduktivität auch ihre Lebenslage zu verbessern.

Die Grundlagen zu einer demokratischen Wirtschaft sind gelegt. Nun stehen wir in einer Phase, in der wir einen Schritt weitergehen werden. Wir wollen und müssen beweisen, daß die demokratisierte Wirtschaft, vor allem die volkseigenen Betriebe, den monopolkapitalistischen Formen überlegen ist.

Wesentliche Forderungen der Gewerkschaften sind nach ausgiebiger gemeinsamer Beratung auf breitester Grundlage mit Arbeitern und Angestellten aus den Betrieben, Vertretern der sowjetischen Militärverwaltung und der Deutschen Verwaltung der Arbeit und Sozialfürsorge in diesem Aufbauplan mit enthalten. Dadurch wird die Verwirklichung dieser Maßnahmen und ihr sozialer Inhalt zu einer Angelegenheit aller Werktätigen.

Es ist unsere eigene Sache, um die es geht.

Ein Aufbau nach rein kapitalistischen Gesichtspunkten in unserer Zone hätte nicht zu den bisher erreichten Erfolgen geführt. Im Gegensatz zum Westen unseres Vaterlandes hat das Mitbestimmungsrecht der Gewerkschaften und Betriebsräte und nicht zuletzt auch die Blockpolitik der antifaschistisch-demokratischen Parteien eine demokratische Wirtschaftsgestaltung ermöglicht. In der Hebung der Arbeitsproduktivität erblickt der FDGB die wichtigste Aufgabe in dieser neuen Phase.

Er sieht in der Verbesserung der Werksverpflegung, in der Bezugsscheinverteilung für Kleidung, Schuhe und Kohle durch die Gewerkschaften und Betriebsräte in den Betrieben, in der Schaffung der Möglichkeit, die Löhne für die niedriger bezahlten Frauengruppen in der Textil- und Bekleidungsindustrie zu erhöhen, in der Anwendung des Prinzips des Leistungslohnes, in dem Ausbau des Arbeits- und Jugendschutzes, in der fortschrittlichen Festlegung der Arbeitszeit für die Jugendlichen, in der Verbesserung des Urlaubs, in der Anweisung zum Ausbau der ärztlichen Betreuung, die Maßnahmen, die zur Verbesserung der Lebenslage des werktätigen Volkes wesentlich beitragen.

Laßt uns nunmehr diese Maßnahmen in den Betrieben und Verwaltungen gemeinsam beraten und durchführen!

Entfaltet die große Initiative zur Steigerung der Produktion und zur Verbesserung unserer Lebenslage!

Bekämpft jedes Auftreten einer schlechten und ungesunden Arbeitsmoral!

Bekämpft die Seuche der Kompensation, der Schiebungen, des Preiswuchers und der Werkdiebstähle!

Geht entschlossen und begeistert vorwärts auf dem einzigen Weg, der zur Verbesserung und Erhöhung unserer eigenen Lebenslage führt!

Helft durch gute Arbeitsdisziplin, durch Ausarbeitung von Vorschlägen zur Verbesserung der Produktion, zur Beseitigung jedes Leerlaufs im Arbeitsprozeß, die zur Ersparnis von Kohle, Rohstoffen und Energie beitragen.

Kollegen in den volkseigenen Betrieben!

Geht in der Verwirklichung dieser Maßnahmen voran. Stellt Euch an die Spitze eines schnellen Tempos der Produktionsentwicklung!

Tragt zur Verbesserung der Qualität der erzeugten Güter bei!

Sorgt für vorbildliche Arbeitsbedingungen und Sozialeinrichtungen in den volkseigenen Betrieben!

Macht die Erfüllung der Produktionspläne zur Angelegenheit der ganzen Belegschaft!

Führt regelmäßig Produktionsberatungen durch! Organisiert die Produktions- und Preiskontrolle!

Nehmt die Losung unseres 2. FDGB-Kongresses erneut auf:

Mehr produzieren, gerechter verteilen, besser leben!

Beschreiten wir entschlossen den deutschen Weg zur Wende unserer Not!

Aus unserer Hände Arbeit wird ein neues demokratisches Deutschland entstehen, das eine Heimat des werktätigen Volkes sein wird.

Quelle: Um ein antifaschistisch-demokratisches Deutschland. Dokumente aus den Jahren 1945-1949, Berlin (Ost) 1968, S. 517f.

DOKUMENT 7

Passage aus dem Beschluß der Bitterfelder FDGB-Funktionärskonferenz (25./26. November 1948)

Die Durchführung der Wirtschaftspläne und die Förderung der Aktivistenbewegung stellt an die Funktionäre der Gewerkschaftsbewegung in den Betrieben erhöhte Anforderungen. Den Betriebsgewerkschaftsleitungen sind wichtigste Aufgaben übertragen. Gestützt auf die bisher dabei gesammelten Erfahrungen wenden sich seit geraumer Zeit immer mehr Betriebsgewerkschaftsleitungen, vor allem aber auch ganze Belegschaften und viele Funktionärskonferenzen der Industriegewerkschaften, an den Bundesvorstand mit dem Ersuchen, Maßnahmen zu prüfen zur reibungslosen intensiven Betriebsarbeit der Gewerkschaften und den zur Zeit noch bestehenden Dualismus in der Tätigkeit der Betriebsgewerkschaftsleitungen und der Betriebsräte zu beseitigen.

Nach umfassender Erörterung dieses bedeutsamen Problems mit den zuständigen Gewerkschaftsorganen und nach einer grundsätzlichen Aussprache auf der Arbeitstagung der Gewerkschaften in Bitterfeld beschließt diese:

Der Geschäftsführende Bundesvorstand wird beauftragt, entsprechende Schritte zu unternehmen, daß die Vertretung der Interessen der Arbeiter und Angestellten in Betrieben und Verwaltungen und die Verwirklichung der Rechte und Pflichten, die aus dem Kontrollratsgesetz Nr. 22 (= Betriebsrätegesetz, U.G.) hervorgehen, den Betriebsgewerkschaftsleitungen übertragen werden.

Quelle: Durch politische Klarheit zu schnellen Erfolgen der Gewerkschaften: Bitterfelder Zonenkonferenz am 25. und 26. November 1948 (Hrsg.: Bundesvorstand des FDGB), Berlin (Ost) o. J. (1949), S. 98.

DOKUMENT 8

Rudolf Herrnstadt
Kollege Zschau und Kollege Brumme
(14. Oktober 1951)

[...]
Was haben wir falsch gemacht?
Wir haben zwar die große grundsätzliche Bedeutung des Übergangs zum Abschluß von Betriebskollektivverträgen rechtzeitig erkannt, aber aus dieser Erkenntnis nicht die notwendigen Schlußfolgerungen gezogen. Das ist ein sehr ernster Vorwurf, den sich unsere Partei machen muß, denn es handelt sich um die Arbeiterklasse, die Hauptstütze unserer Politik.

Eine der Folgen hiervon war, daß wir den FDGB ungenügend unterstützten, vor allem auf zwei Linien:

a) Wir haben die entscheidende ideologische Aufklärung – die Aufklärung in den Kernfragen – vernachlässigt. Dieser Vorwurf trifft uns alle. Warum z. B. wurde dieser Artikel erst im Herbst geschrieben, warum nicht schon im Sommer?

b) Wir haben trotz vorliegender Signale mit den Genossen im Bundesvorstand des FDGB den Sommer und Herbst hindurch Süßholz geraspelt. Wir hätten ihnen weit mehr geholfen, wenn wir ihnen freundschaftlich, aber unerbittlich gesagt hätten, daß wir mit der Schönfärberei, der Heilsarmeeatmosphäre, dem Bürokratismus in den Gewerkschaften nicht einverstanden sind, daß wir ihnen empfehlen, Lenin und Stalin zu lesen, und daß wir sie bitten, die Grundzüge ihrer neuen r e a l e n Gewerkschaftspolitik binnen einer kurzen, festgelegten Frist vor der Öffentlichkeit zu entwickeln. Das haben wir leider nicht getan.

[...]
Unsere Partei wird das Vertrauen der Werktätigen noch in ganz anderem Maße besitzen als bisher, sie wird für die Werktätigen zum Gegenstand des Stolzes und der hingebungsvollen Liebe werden, wenn sie in Fortführung ihrer richtigen Politik nun auch den Kampf auf folgenden Linien eröffnet:

a) Gegen die Nichtachtung der Initiative der Massen.

Nicht wenige unserer Funktionäre – in Betrieben und auf dem Lande – lieben es, zur eigenen Rechtfertigung zu erklären: »Die Massen sind eben rückständig, sie verstehen nicht, sie interessieren sich nicht . . .«

Der Fall liegt in der Regel umgekehrt. Die Massen sind seit 1945 beträchtlich gewachsen und wachsen unter dem Hammer der amerikanischen Bedrohung von Stunde zu Stunde. Sie wollen mitreden, mithandeln. Sie verlangen, ernst genommen zu werden, und empfinden es als Beleidigung, wenn Funktionäre über ihre Köpfe hinweg Beschlüsse fassen oder durchsetzen. Sie verachten solche Funktionäre, und mit Recht. Denn rückständig sind vor allem jene Funktionäre, die die Bereitschaft der Massen nicht sehen und, trotz aller gegenteiligen Beteuerungen, an ihre Schöpferkraft nicht glauben.

b) Gegen die Methode des Kommandierens.

Nicht wenige Funktionäre gehen auf die Linie des Kommandierens, eben weil sie rückständig sind, weil sie nicht zu argumentieren verstehen, weil sie die Auseinandersetzung mit den Massen fürchten. Natürlich ist es leichter, eine schwierige Frage auf dem Kanzleiwege zu erledigen, vielleicht noch unter dunklen Anspielungen auf »Anweisungen von oben«, als sie im offenen Kampf mit rückständigen Auffassungen vor versammelter Belegschaft durchzusetzen. Aber nichts untergräbt so sicher das Vertrauen der Massen zu unserer Partei wie der engstirnige Funktionär in Betrieb, Dorf, Kreis, Land oder zentralem Apparat, der zufrieden ist, wenn man ihn umgeht und fürchtet. Und nichts ist gefährlicher – auch für den betreffenden Funktionär selbst. Denn vom Kommandieren führt der nächste Schritt zum Einschüchtern, auch dafür gibt es Beispiele. Und in Fällen der Einschüchterung hört, von seiten der Massen wie von seiten unserer Parteiführung, die Gemütlichkeit auf.

c) Gegen das Ableiern geprägter Formeln.

Unzähligen unserer Funktionäre ist es zur Gewohnheit geworden, in Wort oder Schrift über die Köpfe hinwegzureden, geprägte Formeln zu deklamieren und zu tun, als bemerkten sie nicht, daß die Hörer oder Leser von ihren Ausführungen unbefriedigt bleiben. Sie sind sogar, macht man sie darauf aufmerksam, befremdet oder empört. Es sei doch nichts Unrichtiges, was sie gesagt oder geschrieben hätten. Nichts Unrichtiges? Es war das Unrichtigste, was sie sagen oder schreiben konnten – auch wenn jeder Satz, jedes Wort objektiv richtig gewesen sein mag. Warum?

Jeder arbeitende Mensch ist zu überzeugen. Jeder Gedanke, auch der schwierigste, kann in einer menschlichen Sprache ausgedrückt werden. Und jeder Funktionär unserer Partei, auch ein hoher Staats- und Gewerkschaftsfunktionär, kann die Fähigkeit erwerben, arbeitende Menschen von seinen Gedanken zu überzeugen. Er muß sich nur die Mühe machen, die Menschen, an die er sich wendet, und die Gedanken, von denen er sie überzeugen will, in Verbindung miteinander zu bringen. Er muß also die Menschen s e h e n, zu denen er spricht, er muß von i h - n e n ausgehen, ihren Erfahrungen, ihren Bedürfnissen, ihren Eigenheiten, dem Grad ihrer Aufnahmefähigkeit. Er muß die geprägten Formeln beiseite lassen – nicht aber deren Inhalt. Den muß er lebendig machen, aus den konkreten Umständen heraus und gemeinsam mit seinen Hörern oder Lesern. Er muß also um die Menschen kämpfen, mit vollem Einsatz seiner Person und eingedenk der Tatsache, daß auch er nicht vom Himmel fiel, sondern die ihm heute geläufige Erkenntnis unter Fehlern und gar nicht immer in überlegener Haltung erwarb. Er muß, mit einem Wort, die Menschen achten. Das Deklamieren geprägter Formeln ist eine Form der Nichtachtung der Massen. Kann es Wunder nehmen, daß die Massen im Maße ihres Wachsens auch gegen diese Form der Nichtachtung immer unwilliger aufbegehren?

Quelle: Neues Deutschland vom 14. Oktober 1951.

DOKUMENT 9

Otto Lehmann
Zu einigen schädlichen Erscheinungen bei der Erhöhung der Arbeitsnormen (16. Juni 1953)

Der Beschluß der 13. Tagung des Zentralkomitees der SED und der darauf folgende Beschluß des Ministerrats der Deutschen Demokratischen Republik vom 28. Mai 1953 über die Erhöhung der Arbeitsnormen um durchschnittlich 10 Prozent sind von größter Wichtigkeit für das Wachstum der Arbeitsproduktivität und die Senkung der Selbstkosten, für die Erhöhung des Reallohnes und die Verbesserung der Lebenshaltung aller Arbeiter und Angestellten. Diese Beschlüsse verleihen der bedeutungsvollen Massenbewegung zur freiwilligen Normenerhöhung organisierten Charakter. Sie legen fest, daß die Normen in unseren volkseigenen Betrieben generell überprüft und entsprechend den Möglichkeiten um durchschnittlich mindestens 10 Prozent bis zum 30. Juni 1953 erhöht werden.

Getragen von der Sorge und der Verantwortung gegenüber den Interessen der Werktätigen, legte der Ministerrat in seinem Beschluß Maßnahmen fest, die bei der Erhöhung der Arbeitsnormen die Interessen der Werktätigen im vollen Umfange gewährleisten. Sie haben umfassende Hilfe und Unterstützung für die Kolleginnen und Kollegen durch die Wirtschafts- und Gewerkschaftsleitungen zum Ziele.

[...]

In vielen Betrieben haben die Betriebsleitungen und die Betriebs-Gewerkschaftsleitungen gewissenhaft nach diesem Beschluß gehandelt. Es gibt jedoch nicht wenige Betriebe, die den Beschluß des Ministerrats nicht durchführten oder verletzten. So wurde z. B. zum Schaden des erfolgreichen Kampfes um die Steigerung der Arbeitsproduktivität durch die Erhöhung der Arbeitsnormen eine gefährliche und reaktionäre »Theorie« und Praxis entwickelt, die darauf hinausläuft, daß die Normenerhöhung eine Lohnsenkung zur Folge haben muß. Die Gewerkschaften wenden sich entschieden gegen solche Auffassungen, die die Autorität der Beschlüsse der Partei der Arbeiterklasse, des Ministerrats und des Präsidiums des Bundesvorstandes des Freien Deutschen Gewerkschaftsbundes gröblich mißbrauchen und damit die Interessen aller Werktätigen auf das tiefste und empörendste verletzen.

Die Arbeitsnormen werden nicht erhöht, um die Löhne zu senken, sondern um durch wirtschaftlichere Arbeit in jeder Hinsicht mit dem gleichen Arbeitsaufwand wie bisher mehr, besser und billiger zu produzieren. Die feindliche »Theorie« von der Lohnsenkung durch die Normenerhöhung muß zerschlagen werden. Je schneller und je gründlicher dies geschieht, um so aktiver und bewußter werden alle Arbeiter die Normenerhöhung um durchschnittlich 10 Prozent zu ihrer eigenen Sache machen.

[...]

Im Zusammenhang mit der Veröffentlichung der Kommuniqués des Politbüros und des Ministerrats vom 9. bzw. 11. Juni 1953 wird in einigen Fällen die Frage gestellt, inwieweit die Beschlüsse über die Erhöhung der Arbeitsnormen noch richtig sind und aufrechterhalten bleiben. Jawohl, die Beschlüsse über die Erhöhung der Normen sind in vollem Umfang richtig. Gestützt auf das unbedingte Vertrauen der Bevölkerung zu ihrer Regierung haben das Politbüro des Zentralkomitees der SED und die Regierung der Deutschen Demokratischen Republik offen vor dem ganzen Volke einige Fehler der Vergangenheit in ihrer Arbeit dargelegt und sofort Maßnahmen eingeleitet, die einer entschiedenen Verbesserung der Lebenshaltung aller Teile der Bevölkerung der Deutschen Demokratischen Republik dienen. Weil aber all das davon abhängt, inwieweit wir die großen Aufgaben des Fünfjahrplanes auf der Grundlage eines fortgesetzten Anwachsens der Arbeitsproduktivität bei strengster Sparsamkeit erreichen können, gilt es, den Beschluß des Ministerrats über die Erhöhung der Arbeitsnormen um durchschnittlich 10 Prozent bis zum 30. Juni 1953 mit aller Kraft durchzuführen.

Von dieser Erkenntnis müssen sich die Wirtschafts- und Gewerkschaftsleitungen bei der Durchführung des Beschlusses des Ministerrats im Interesse der weiteren Verbesserung der Lebensbedingungen der werktätigen Bevölkerung leiten lassen.

Quelle: Tribüne vom 16. Juni 1953.

DOKUMENT 10

Streikende in der DDR-Metallindustrie am 17. Juni 1953 – Aufstellung des Zentralvorstandes der IG Metall des FDGB (27. Juli 1953)

1) Bezirk Cottbus:

Gesamtzahl der Betriebe: 75 mit 14 380 Beschäftigten
An der Arbeitsniederlegung beteiligten sich folgende Betriebe:

1) Kjellberg, Finsterwalde	Beschäft.	1 496	Streik.	892
2) Tewa-Schraube, Finsterwalde	Beschäft.	733	Streik.	690
3) Fimag, Finsterwalde	Beschäft.	1 460	Streik.	250
4) Keulahütte, Krauschwitz	Beschäft.	1 200	Streik.	425
5) Masch.-Geräteb., Spremberg	Beschäft.	129	Streik.	129
6) VEM, Cottbus	Beschäft.	1 521	Streik.	230
7) Eisengießerei, Cottbus	Beschäft.	32	Streik.	29
8) Reparaturwerkst. Cottbus	Beschäft.	45	Streik.	32
9) Mewa, Jessen	Beschäft.	125	Streik.	60
10) Eisenwerk Becker, Jessen	Beschäft.	10	Streik.	10
11) Lowa, Vetschau	Beschäft.	651	Streik.	651
12) RFT, Cottbus	Beschäft.	445	Streik.	170
	Beschäft.	7 847	Streik.	3 568

2) Bezirk Frankfurt (Oder)

Gesamtzahl der Betriebe: 29 mit 8 966 Beschäftigten

1) EKM Finow	Beschäft.	1 211	Streik.	450
2) Abus Kranbau Ebersw.	Beschäft.	1 955	Streik.	150
3) LBH Rehfelde	Beschäft.	181	Streik.	181
4) Stahlgußwerk Fürstenw.	Beschäft.	442	Streik.	200
5) Gaselan Fürstenw.	Beschäft.	965	Streik.	965
6) Beuchelt u. Co., Frankfurt	Beschäft.	120	Streik.	120
7) Reinke u. Co., Straußberg	Beschäft.	30	Streik.	30
8) EKM Bitterfeld (Montagebetr.)	Beschäft.	250	Streik.	250
9) Bergmann-Borsig (Montagebetr.)	Beschäft.	120	Streik.	120

10) RFT Cottbus (Montagebetr.)	Beschäft.	140	Streik.	140
11) VEM Cottbus (Montagebetr.)	Beschäft.	370	Streik.	370
	Beschäft.	5784	Streik.	2976

3) Bezirk Potsdam

Gesamtzahl der Betriebe: 134 mit 34 819 Beschäftigten

1) Thälmann-Werft Brandenbg.	Beschäft.	1961	Streik.	1000
2) Schlepperwerk Brandenbg.	Beschäft.	2036	Streik.	950
3) Elisabethhütte Brandenbg.	Beschäft.	290	Streik.	200
4) Kompressorenbau Brandenbg.	Beschäft.	256	Streik.	130
5) Schloßfa. Tewa Brandenbg.	Beschäft.	112	Streik.	50
6) Kinderwagenbau Brandenbg.	Beschäft.	69	Streik.	69
7) Blechbearb. Brandenbg.	Beschäft.	85	Streik.	85
8) LEW Hans Beimler, Oranienbg.	Beschäft.	6080	Streik.	2600
9) Gerätew. Falkensee	Beschäft.	232	Streik.	150
10) Velmet, Velten	Beschäft.	83	Streik.	83
11) Genest Velten	Beschäft.	249	Streik.	100
12) ROW, Rathenow	Beschäft.	2484	Streik.	1500
13) Havelhütte Rathenow	Beschäft.	260	Streik.	260
14) EKM Kesselschmiede Rathenow	Beschäft.	476	Streik.	220
15) Mewa Reißverschluß Rathenow	Beschäft.	260	Streik.	260
16) LBH Rathenow	Beschäft.	196	Streik.	150
17) DHZ Optik, Rathenow	Beschäft.	229	Streik.	70
18) Elektromasch. Rathenow	Beschäft.	50	Streik.	50
19) Funkwerk Dabendorf	Beschäft.	530	Streik.	150
	Beschäft.	15938	Streik.	8077

4) Bezirk Neubrandenburg

Gesamtzahl der Betriebe: 30 mit 1916 Beschäftigten

In allen Betrieben wurde weitergearbeitet.

5) Bezirk Rostock

Gesamtzahl der Betriebe: 59 mit 48 183 Beschäftigten

1) Warnow-Werft, Warnemünde	Beschäft.	9059	Streik.	8000
2) Neptun-Werft Rostock	Beschäft.	8500	Streik.	6000
3) Dieselmotorenw. Rostock	Beschäft.	1980	Streik.	1000
4) Volkswerft Stralsund	Beschäft.	5700	Streik.	5000
5) Schiffs- u. Rep.-W. Stralsund	Beschäft.	1534	Streik.	1000

6)	Schiffselektr. Rostock	Beschäft.	1 076	Streik.	1 000
7)	Schiffsmontage Rostock	Beschäft.	548	Streik.	500
8)	Isolier- u. Kältetechn. Rostock	Beschäft.	989	Streik.	300
9)	Schiffs- u. Bootswerft Gehlsdorf	Beschäft.	1 170	Streik.	1 000
10)	LBH Barth	Beschäft.	550	Streik.	550
11)	Preß- u. Schmiedew., Wismar	Beschäft.	400	Streik.	400
12)	Mathias-Thesen, Werft Wismar	Beschäft.	8 133	Streik.	100
		Beschäft.	39 639	Streik.	24 850

6) Bezirk Schwerin
Gesamtzahl der Betriebe: 31 mit 6 182 Beschäftigten

1)	Werkzeug u. Geräteb. Grabow	Beschäft.	83	Streik.	83
2)	Wömag-Werke, Ludwigslust	Beschäft.	30	Streik.	30
		Beschäft.	113	Streik.	113

7) Bezirk Karl-Marx-Stadt
Gesamtzahl der Betriebe: 481 mit 104 751 Beschäftigten

1)	VEB Wälzlager Fraureuth	Beschäft.	1 581	Streik.	800
2)	VEB Wärmegerätew. Crimmitschau	Beschäft.	30	Streik.	30
3)	VEB Zwickauer Macsch. F.	Beschäft.	1 025	Streik.	100
4)	IFA Ernst Grube, Werdau	Beschäft.	3 337	Streik.	670
5)	SANAR Reichenbach	Beschäft.	360	Streik.	50
6)	WEMA Rochlitz	Beschäft.	300	Streik.	300
7)	Masch. Fa. Penig	Beschäft.	1 750	Streik.	100
8)	Gießerei Erla	Beschäft.	310	Streik.	10
		Beschäft.	8 693	Streik.	2 060

8) Bezirk Dresden
Gesamtzahl der Betriebe: 509 mit 113 466 Beschäftigten

1)	Stahlwerk Copitz	Beschäft.	489	Streik.	489
2)	Sachsenw. Niedersedlitz	Beschäft.	5 368	Streik.	5 368
3)	ABUS Niedersedlitz	Beschäft.	1 838	Streik.	1 838
4)	Kamerawerkst. Niedersedlitz	Beschäft.	521	Streik.	521
5)	Feinstmasch. Bau Dresden	Beschäft.	776	Streik.	776
6)	Stanzila Dresden	Beschäft.	432	Streik.	432
7)	Zeiss-Ikon Dresden	Beschäft.	3 044	Streik.	3 044
8)	RFT Funkwerk Dresden	Beschäft.	906	Streik.	906

9)	RFT Anlagenb. Dresden	Beschäft.	667	Streik.	667
10)	EKM Turbine Dresden	Beschäft.	808	Streik.	808
11)	LOWA Görlitz	Beschäft.	5 660	Streik.	5 400
12)	EKM Görlitz	Beschäft.	2 218	Streik.	1 800
13)	Feinoptische Werke Görlitz	Beschäft.	736	Streik.	650
14)	Kema Görlitz	Beschäft.	750	Streik.	750
15)	Textima Görlitz	Beschäft.	300	Streik.	300
16)	Polygraph Görlitz	Beschäft.	277	Streik.	270
17)	Metallwaren Görlitz	Beschäft.	146	Streik.	146
18)	DHZ Masch. u. Fahrz. Görlitz	Beschäft.	250	Streik.	250
19)	Elbtalwerk Heidenau	Beschäft.	1 900	Streik.	1 900
20)	Spritz- u. Preßgießerei Heidenau	Beschäft.	490	Streik.	490
		Beschäft.	27 576	Streik.	26 805

9) Bezirk Leipzig

Gesamtzahl der Betriebe: 379 mit 97 355 Beschäftigten

1)	IFA Getriebewerk Liebertwolkwitz	Beschäft.	2 000	Streik.	2 000
2)	EKM Dieselmotoren Böhlitz-Ehrenberg	Beschäft.	421	Streik.	384
3)	Metallgußw. Böhlitz-Ehrenberg	Beschäft.	1 600	Streik.	1 600
4)	Kugellagerf. Böhlitz-Ehrenberg	Beschäft.	2 450	Streik.	2 450
5)	NAGEMA Schkeuditz	Beschäft.	1 184	Streik.	1 006
6)	Bodenbearbeitungsgeräte Leipzig	Beschäft.	3 374	Streik.	2 910
7)	RFT Fernmeldew. Leipzig	Beschäft.	2 300	Streik.	2 300
8)	Kirow-Werk Leipzig	Beschäft.	4 600	Streik.	4 600
9)	Galvanotechnik Leipzig	Beschäft.	1 751	Streik.	1 600
10)	Mitteldeutscher Feuerungsb. Leipzig	Beschäft.	950	Streik.	653
11)	Schumann u. Co. Leipzig	Beschäft.	1 870	Streik.	1 870
12)	PWS Schmölln	Beschäft.	950	Streik.	944
13)	SANAR Döbeln	Beschäft.	399	Streik.	355
14)	Hermann Matern Werk Roßwein	Beschäft.	1 650	Streik.	1 517
15)	EBW Eilenburg	Beschäft.	578	Streik.	538
16)	Wema Düben	Beschäft.	126	Streik.	126
		Beschäft.	26 203	Streik.	24 853

Außerdem beteiligten sich noch weitere 14 Betriebe an der Arbeitsniederlegung, die aber vom Bezirk nicht namentlich aufgeführt wurden.

10) Bezirk Halle

Gesamtzahl der Betriebe: 318 mit 74 285 Beschäftigten

1) Im Bezirk Halle beteiligten sich 52 Betriebe an der Arbeitsniederlegung.

In diesen Betrieben sind 45 677 Beschäftigte. Die einzelnen Betriebe wurden vom Bezirk nicht namentlich aufgeführt.

11) Bezirk Magdeburg

Gesamtzahl der Betriebe: 154 mit 66 893 Beschäftigten

Im gesamten Gebiet Magdeburg war am 17. 6. eine allgemeine Arbeitsniederlegung zu verzeichnen. In den übrigen Gebieten wurde nur in ganz wenigen Betrieben die Arbeit aufgenommen. Konkrete Angaben vom Bezirk nicht vorhanden.

12) Bezirk Erfurt

Gesamtzahl der Betriebe: 193 mit 75 059 Beschäftigten

Im Bezirk Erfurt waren die Gebiete Sömmerda, Erfurt, Weimar, Gotha und Nordhausen Schwerpunkte der Arbeitsniederlegungen. In den Gebieten Apolda, Arnstadt, Eisenach, Heiligenstadt und Mühlhausen erfolgten nur einzelne Versuche, die im Keime erstickt wurden. Genaue Angaben über Anzahl der Betriebe und der Beschäftigten fehlen.

13) Bezirk Gera

Gesamtzahl der Betriebe: 123 mit 42 575 Beschäftigten

1) EKM Kompressorenw. Gera	Beschäft. 404	Streik.	210
2) Rote Record Gera	Beschäft. 424	Streik.	360
3) TEWA Schraubf. Gera	Beschäft. 390	Streik.	110
4) IFA Kraftfahrzeugzubehörw. Gera	Beschäft. 842	Streik.	100
5) Textima Gera	Beschäft. 227	Streik.	220
6) TRO Gera	Beschäft. 23	Streik.	20
7) WMW Union Gera	Beschäft. 1 262	Streik.	600
8) RFT Gera	Beschäft. 1 617	Streik.	500
9) VEM Röntgenw. Gera	Beschäft. 224	Streik.	200
10) Spannwerkzeuge Gera	Beschäft. 33	Streik.	24

11) WMW Preßformenbau Triplis	Beschäft. 157	Streik.	120
12) Zeiss, Jena	Beschäft. 17 358	Streik.	8 000
13) Schott, Jena	Beschäft. 3 085	Streik.	300
14) SANAR Armaturenw. Gera	Beschäft. 393	Streik.	230
15) Oeler u. Gerber Gera	Beschäft. 44	Streik.	44
	Beschäft. 26 483	Streik.	11 038
16) Werkzeugfa. Königsee	Beschäft. 1 889	Streik.	1 400
	Beschäft. 28 372	Streik.	12 438

14) Bezirk Suhl

Gesamtzahl der Betriebe: 175 mit 39 059 Beschäftigten
In allen Betrieben des Bezirks Suhl wurde weitergearbeitet.

15) Bezirk Berlin

Gesamtzahl der Betriebe: 228 mit 79 594 Beschäftigten

1) Medizin. Gerätef. Berlin	Beschäft. 968	Streik.	968
2) Schleifmasch. Werk Berlin	Beschäft. 411	Streik.	411
3) Signalbau Berlin	Beschäft. 470	Streik.	470
4) Wälzlager Lichtenberg	Beschäft. 830	Streik.	830
5) VEB Tuben u. Bleche, Berlin	Beschäft. 99	Streik.	99
6) Berliner Bremsenw. Friedrichshain	Beschäft. 1 600	Streik.	1 600
7) Yachtwerft Köpenick	Beschäft. 1 892	Streik.	1 892
8) KWO Berlin	Beschäft. 5 170	Streik.	5 170
9) Karl-Liebknecht-Werk	Beschäft. 4 963	Streik.	4 963
10) VEB Blechbearbeitung Berlin	Beschäft. 170	Streik.	170
11) Bergmann-Borsig, Berlin	Beschäft. 4 120	Streik.	4 120
12) Maschinen- u. Gerätebau Berlin	Beschäft. 292	Streik.	292
13) Maschinenf. Treptow	Beschäft. 454	Streik.	454
14) EAW J. W. Stalin Treptow	Beschäft. 8 885	Streik.	8 085
15) NAG Schöneweide	Beschäft. 1 490	Streik.	1 490
16) AFO Oberschöneweide	Beschäft. 930	Streik.	930
17) HF Oberschöneweide	Beschäft. 6 700	Streik.	6 700
18) VEB Aufzugsbau Berlin	Beschäft. 490	Streik.	490
19) VEB Schleifmasch. Werk	Beschäft. 411	Streik.	411
20) VEB Schneidemasch.	Beschäft. 124	Streik.	124
21) BGW	Beschäft. 3 089	Streik.	3 089
22) Berliner Werkzeugfa.	Beschäft. 1 557	Streik.	1 500
23) Gaselan	Beschäft. 1 998	Streik.	1 750

24) Berl. Vergaser	Beschäft.	712	Streik.	712
25) Leuchtenbau Berlin	Beschäft.	277	Streik.	277
26) VEB Stanzbleche	Beschäft.	132	Streik.	132
27) Zentralwerkstätten	Beschäft.	987	Streik.	987
28) VEB Schiffbau, Köpenick	Beschäft.	283	Streik.	283
29) Agil, Oberschöneweide	Beschäft.	235	Streik.	235
30) Gerätew. Friedrichshagen	Beschäft.	328	Streik.	328
31) Graphische Masch. Oberschön.	Beschäft.	158	Streik.	158
32) VEB Wellendichtung Pankow	Beschäft.	219	Streik.	219
33) Injekta, Pankow	Beschäft.	381	Streik.	341
34) Turbonit, Pankow	Beschäft.	459	Streik.	459
35) Großdrehmasch. Bau »7. Oktober«	Beschäft.	1 840	Streik.	1 600
36) Stern-Radio, Weißensee	Beschäft.	858	Streik.	750
37) Elektromont, Weißensee	Beschäft.	400	Streik.	390
38) Transformatorenw. II Weißensee	Beschäft.	501	Streik.	501
39) Werkzeugfa. Treptow	Beschäft.	680	Streik.	680
40) Stahlblechbau Treptow	Beschäft.	357	Streik.	357
41) Fernmeldew. Treptow	Beschäft.	2 031	Streik.	2 031
42) Asepta Treptow	Beschäft.	300	Streik.	300
43) Signalbau Treptow	Beschäft.	510	Streik.	510
44) Kiag Treptow	Beschäft.	50	Streik.	50
45) Lowa, Treptow	Beschäft.	365	Streik.	365
46) Batterie u. Elemente Treptow	Beschäft.	250	Streik.	250
47) IFA Motorenw. Treptow	Beschäft.	492	Streik.	492
	Beschäft.	59 918	Streik.	56 415

Folgende Betriebe haben am 17. 6. durchgearbeitet:

VEB Secura Berlin	Beschäft. 856
VEB Metallguß, Lichtenberg	Beschäft. 166
VEB Oberflächenveredlung	Beschäft. 91
Privatbetrieb Kleinmann	Beschäft. 92
SANAR Köpenick	Beschäft. 225
DHZ Industriebedarf	Beschäft. 188
Niles-Preßluft, Pankow	Beschäft. 294
VEB Bacu, Pankow	Beschäft. 158
VEB Apparate- und Kesselbau, Pankow	Beschäft. 337
VEB Transportgeräte, Pankow	Beschäft. 106
VEB Ätz- und Emaillierwerk, Weißensee	Beschäft. 108
VEB Kühlautomat, Treptow	Beschäft. 979

Privatbetrieb Karo   Beschäft. 110
SAG Kabel Friedrichshain   Beschäft. –

Zusammenstellung

15 Bezirke   2 918 Betrieb   807 483 Beschätigte

davon haben sich an der Arbeitsniederlegung beteiligt:

383 Betriebe mit 332 653 Beschäftigten

Von diesen 332 653 Beschäftigten haben sich 274 725 Metallarbeiter an der Arbeitsniederlegung beteiligt.

Quelle: Zentrales Gewerkschaftsarchiv des FDGB 11/2348/4450, abgedruckt bei: Wolfgang Eckelmann, Hans-Hermann Hertle und Rainer Weinert: FDGB intern. Inneneinsichten einer Massenorganisation der SED, Treptow 1990, S. 151–156.

DOKUMENT 11

Walter Ulbricht
10 Gebote der sozialistischen Moral
(10. Juli 1958)

Das moralische Gesicht des neuen, sozialistischen Menschen, der sich in diesem edlen Kampf um den Sieg des Sozialismus entwickelt, wird bestimmt durch die Einhaltung der grundlegenden Moralgesetze:

1. Du sollst Dich stets für die internationale Solidarität der Arbeiterklasse und aller Werktätigen sowie für die unverbrüchliche Verbundenheit aller sozialistischen Länder einsetzen.
2. Du sollst Dein Vaterland lieben und stets bereit sein, Deine ganze Kraft und Fähigkeit für die Verteidigung der Arbeiter-und-Bauern-Macht einzusetzen.
3. Du sollst helfen, die Ausbeutung des Menschen durch den Menschen zu beseitigen.
4. Du sollst gute Taten für den Sozialismus vollbringen, denn der Sozialismus führt zu einem besseren Leben für alle Werktätigen.
5. Du sollst beim Aufbau des Sozialismus im Geiste der gegenseitigen Hilfe und der kameradschaftlichen Zusammenarbeit handeln, das Kollektiv achten und seine Kritik beherzigen.
6. Du sollst das Volkseigentum schützen und mehren.
7. Du sollst stets nach Verbesserung Deiner Leistungen streben, sparsam sein und die sozialistische Arbeitsdisziplin festigen.
8. Du sollst Deine Kinder im Geiste des Friedens und des Sozialismus zu allseitig gebildeten, charakterfesten und körperlich gestählten Menschen erziehen.
9. Du sollst sauber und anständig leben und Deine Familie achten.
10. Du sollst Solidarität mit den um ihre nationale Befreiung kämpfenden und den ihre nationale Unabhängigkeit verteidigenden Völkern üben.

Quelle: Protokoll der Verhandlungen des V. Parteitages der Sozialistischen Einheitspartei Deutschlands, Band 1, Berlin (Ost) 1959, S. 161.

DOKUMENT 12

Eva Altmann
Über die demokratischen Rechte der Arbeiter in den sozialistischen Betrieben
(Dezember 1956)

... wir (haben) in den Betrieben noch nicht jene Formen der Einflußnahme der Arbeiterklasse entwickelt ..., die ihrer Rolle in unserer Gesellschaft entsprechen und die den Arbeitern ihre neue Stellung im Betrieb unmittelbar durch die eigene Erfahrung bewußt werden lassen. Das neue, sozialistische Verhältnis zur Arbeit und zum volkseigenen Betrieb entwickelt sich bei der Masse der Arbeiter nicht bereits auf der allgemeinen Grundlage der neuen, sozialistischen Eigentumsverhältnisse; es entwickelt sich und kann sich nur entwickeln im Zusammenhang mit dem eigenen aktiven Handeln und der dabei erworbenen Erfahrung, also im Prozeß der praktischen Betätigung der Arbeiter als Eigentümer, als Herren unserer sozialistischen Betriebe. Der große Prozeß der Demokratisierung unseres gesellschaftlichen Lebens darf an dieser Frage nicht vorbeigehen.

[...]

Ein ... Problem ist, daß sich aus dem sozialistischen Eigentum an den Produktionsmitteln zwei unterschiedliche Bereiche ergeben, in denen die Arbeiterklasse ihre Funktion als Eigentümer der Produktionsmittel ausübt: in der ganzen Gesellschaft und im einzelnen Betrieb. Es ist eine Auseinandersetzung damit notwendig, wie die Arbeiterklasse diese Eigentümerfunktion in beiden Bereichen, in denen sie wirksam ist und wirksam werden muß, wahrnehmen soll. ...

[...]

Der selbständigen Regelung der Betriebe unterliegen nunmehr auch eine Reihe wichtiger Entscheidungen, die praktisch die Wahrnehmung von Funktionen der Gesellschaft als Eigentümer der Produktionsmittel darstellen, Entscheidungen, die einerseits für die Entwicklung der höheren Produktivkräfte der Gesellschaft, andererseits für das Leben der dem Betrieb Angehörigen, der Arbeiter und Angestellten, von sehr großer Bedeutung sind. Damit drängt sich unmittelbar die Frage auf, wer im Betrieb diese Entscheidungen treffen, die Regelung dieser Fragen verantwortlich in seine Hand nehmen soll und kann. Auf diese Frage gibt der Beschluß der 29. Tagung des Zentralkomitees die richtige Antwort: Das müssen die Arbeiter des Betriebes selbst sein, das im Betrieb vereinte Kollektiv der arbeitenden Menschen.

[...]

Die Leitung der Betriebe im Sozialismus kann und darf nur demokratisch sein. Im Betrieb sind die Arbeiter, die Angestellten, die Ingenieure, der Werkleiter zu einem großen Arbeitskollektiv vereint. Diesem Kollektiv ist der Betrieb anvertraut, das ganze Kollektiv ist verantwortlich für die Gesamtarbeit des Betriebes, für die Erfüllung seiner Aufgaben in der Volkswirtschaft. Entsprechend dieser Verantwortung ist es notwendig, im Sozialismus Formen der demokratischen Rechte der im Betrieb vereinten Werktätigen bei der Leitung der sozialistischen Betriebe zu entwickeln. Nur wenn diese Arbeitskollektive solche demokratischen Rechte im Betrieb erhalten, durch die sie ihre Verantwortung für die Entwicklung des Betriebes wirklich wahrnehmen können als Beauftragte und Statthalter der ganzen sozialistischen Gesellschaft, wird sich ein wirklich neues Verhältnis zum sozialistischen Betrieb herausbilden, als das Verhältnis zu dem Eigenen, als Herr der sozialistischen Wirtschaft. Nur dann werden die Triebkräfte der sozialistischen Produktion voll wirksam, wird sich die schöpferische Aktivität der Arbeiter voll entfalten können. Wir haben, denke ich, als Triebkraft für die Steigerung der Produktion viel zu einseitig nur den individuellen materiellen Erfolg für den einzelnen aus seiner individuellen, isolierten Arbeit gesehen. Es hat sich aber gezeigt, daß sich daraus noch nicht das neue, sozialistische Verhältnis zum Betrieb entwickelt, das volle Verantwortungsbewußtsein und die Sorge um den Betrieb wie um den eigenen.

[...]

Der Werkdirektor wird auch in Zukunft von der übergeordneten Leitung für seine Funktion berufen werden, er wird allerdings für seine Arbeit auch des Vertrauens des Arbeiterkomitees bedürfen. Das Arbeiterkomitee ist dagegen das demokratisch gewählte Organ der Werktätigen des Betriebes, der Arbeiter, Angestellten und der Intelligenz. Es hat die Befugnis, bestimmte Grundfragen des Betriebes im Rahmen und auf der Grundlage der dem Betrieb gestellten staatlichen Aufgaben zu entscheiden. Es wird zu wachen haben über den sozialistischen Charakter der Gesamtarbeit des Betriebes. Das Arbeiterkomitee sollte zu beschließen haben über den Betriebsplan, die Perspektiventwicklung des

Betriebes, die Investitionen, soweit sie nicht im Staatsplan festgelegt, die Aufnahme von Krediten, die Einführung der neuen Technik, über die Grundsätze bei der Aufstellung der Normen und ihre Veränderung und den Betriebslohngruppenkatalog, über die Gewinnverteilung auf die verschiedenen Verwendungszwecke, und es wird auch bei wichtigen Kaderfragen des Betriebes mitwirken. Aber es leitet nicht die operative Arbeit des Betriebes, die voll verantwortlich in den Händen des Werkdirektors liegt. Dabei sind die dem Betrieb gestellten staatlichen Aufgaben, die Kennziffern des Staatsplanes und die gesetzlichen Bestimmungen, natürlich sowohl für den Werkdirektor als auch für das Arbeiterkomitee verbindlich. Der Werkdirektor ist dann allerdings in seiner Tätigkeit nicht nur an die Anweisungen der übergeordneten staatlichen Stellen, sondern auch an die Beschlüsse des Arbeiterkomitees im Betrieb gebunden.

[...]

Sicher wird vielfach in der Beratung über die Vorschläge des Zentralkomitees die Frage auftauchen, ob nicht die Gewerkschaften, insbesondere die Betriebsgewerkschaftsleitungen, diese neuen Aufgaben übernehmen können, ob nicht der einfachste Weg der weiteren Demokratisierung die Erweiterung der Rechte der Gewerkschaften in den Betrieben wäre. Das ist eine wichtige Frage, die genauer Überlegung bedarf. Aber wenn man vom Charakter und den Aufgaben der Gewerkschaften als Massenorganisationen der Arbeiter und Angestellten zur Vertretung ihrer unmittelbaren Interessen im sozialistischen Staat ausgeht und auch die bisherige Entwicklung prüft, dann muß man zu der Auffassung kommen, daß es nicht richtig wäre, den Gewerkschaften diese neuen Aufgaben zu übertragen. Die bisherige Entwicklung zeigt, daß entsprechend dem Charakter der Gewerkschaften ihnen gerade solche Aufgaben und Rechte in weitem Maße übertragen wurden, die dem unmittelbaren Schutz und der Vertretung der Rechte und Interessen ihrer Mitglieder dienen. Das entspricht voll und ganz der Tradition der Gewerkschaften in Deutschland und auch in der internationalen Arbeiterbewegung. Es entspricht auch durchaus ihrem Charakter als Massenorganisation der Arbeiter, die Werktätigen zur Erfüllung der großen Aufgaben und zur Wahrnehmung ihrer Rechte und Pflichten in der sozialistischen Gesellschaftsordnung zu erziehen, als Schulen des sozialistischen Denkens und Handelns, und im sozialistischen Wettbewerb und in den Produktionsberatungen die Aktivität der Arbeiter, als wichtigsten Hebel zur Verbesserung ihrer Lebenslage zu wecken, zu entfalten und auf die Hauptfragen zu lenken. Das alles sind echte, bleibende

Aufgaben der Gewerkschaften, die sich aus der Grundaufgabe, die Interessen der Arbeiter und Angestellten in einem sozialistischen Staat zu vertreten, ergeben.

Jetzt kommt es aber darauf an, ein Organ zu schaffen für die unmittelbare Teilnahme der Arbeiter an der Leitung der sozialistischen Betriebe. Diese Aufgaben den Betriebsgewerkschaftsleitungen zu übertragen, würde sie von ihren ureigensten Aufgaben ablenken und würde auch nicht mit der Auffassung unserer Werktätigen von der Rolle und den Aufgaben der Gewerkschaften übereinstimmen. Es kommt darauf an, auch die Rechte der Gewerkschaften weiterzuentwickeln und exakt festzulegen, aber nicht im Sinne der Aufgaben der Arbeiterkomitees. Eine enge Zusammenarbeit zwischen den Gewerkschaftsorganen und dem Arbeiterkomitee wird aber unbedingt notwendig sein, denn dieses wird vielfach auch über die Behandlung und Einführung der Vorschläge zu entscheiden haben, die von den Gewerkschaftsgruppen, von der Betriebsgewerkschaftsleitung, in Produktionsberatungen usw. zu Fragen der Produktion gemacht wurden. Es wird auch kontrollieren, ob die von den Arbeitern geübte Kritik beachtet wird. Andererseits wird der Gewerkschaft über ihre Gruppen und ihren Vertrauensmännerkörper eine wichtige Aufgabe bei der Wahlvorbereitung und der Aufstellung der Kandidaten für das Arbeiterkomitee zukommen. Und die Gewerkschaft wird sich auch verantwortlich fühlen müssen für die Erziehung und Schulung der Mitglieder des Arbeiterkomitees als Gewerkschaftsmitglieder, um sie zu einer immer besseren Erfüllung ihrer Aufgaben im Interesse der Arbeiterklasse zu befähigen.

So zeichnet sich also die Entwicklung dahin ab, im Betrieb das Arbeiterkomitee, den Werkdirektor und die Betriebsgewerkschaftsleitung als wichtige Organe nebeneinander zu haben, jedes mit seinen besonderen Aufgaben und seiner besonderen Verantwortung, aber notwendigerweise alle drei eng zusammenarbeitend. In allen dreien muß der Einfluß der Partei der Arbeiterklasse wirksam sein, als Stärkung und Hilfe bei der Erfüllung ihrer wichtigen Aufgaben.

Quelle: Einheit, 11. Jahrgang (1956), Heft 12, S. 1188-1201.

DOKUMENT 13

Abschnitt II, Kapitel 3, aus der DDR-Verfassung von 1968:
Die Gewerkschaften und ihre Rechte

Artikel 44

1 Die freien Gewerkschaften, vereinigt im Freien Deutschen Gewerkschaftsbund, sind die umfassende Klassenorganisation der Arbeiterklasse. Sie nehmen die Interessen der Arbeiter, Angestellten und Angehörigen der Intelligenz durch umfassende Mitbestimmung in Staat, Wirtschaft und Gesellschaft wahr.

2 Die Gewerkschaften sind unabhängig. Niemand darf sie in ihrer Tätigkeit einschränken oder behindern.

3 Die Gewerkschaften nehmen durch die Tätigkeit ihrer Organisationen und Organe, durch ihre Vertreter in den gewählten staatlichen Machtorganen und durch ihre Vorschläge an die staatlichen und wirtschaftlichen Organe maßgeblich teil

an der Gestaltung der sozialistischen Gesellschaft,

an der Planung und Leitung der Volkswirtschaft,

an der Verwirklichung der wissenschaftlich-technischen Revolution,

an der Entwicklung der Arbeits- und Lebensbedingungen, des Gesundheits- und Arbeitsschutzes, der Arbeitskultur, des kulturellen und sportlichen Lebens der Werktätigen.

Die Gewerkschaften arbeiten in den Betrieben und Institutionen an der Ausarbeitung der Pläne mit und sind in den Gesellschaftlichen Räten der Vereinigungen Volkseigener Betriebe und in den Produktionskomitees der Betriebe und Kombinate vertreten. Sie organisieren die Ständigen Produktionsberatungen.

Artikel 45

1 Die Gewerkschaften haben das Recht, über alle die Arbeits- und Lebensbedingungen der Werktätigen betreffenden Fragen mit staatlichen Organen, mit Betriebsleitungen und anderen wirtschaftsleitenden Organen Vereinbarungen abzuschließen.

2 Die Gewerkschaften nehmen aktiven Anteil an der Gestaltung der sozialistischen Rechtsordnung. Sie besitzen das Recht der Gesetzesinitiative sowie der gesellschaftlichen Kontrolle über die Wahrung der gesetzlich garantierten Rechte der Werktätigen.

3 Die Gewerkschaften leiten die Sozialversicherung der Arbeiter und Angestellten auf der Grundlage der Selbstverwaltung der Versicherten. Sie nehmen an der umfassenden materiellen und finanziellen Versorgung und Betreuung der Bürger bei Krankheit, Arbeitsunfall, Invalidität und im Alter teil.

4 Alle Staatsorgane und Wirtschaftsleiter sind verpflichtet, für eine enge und vertrauensvolle Zusammenarbeit mit den Gewerkschaften Sorge zu tragen.

Quelle: Verfassung der Deutschen Demokratischen Republik vom 6. April 1968, Berlin (Ost) 1968, S. 33f.

DOKUMENT 14

Aus der Ansprache Erich Honeckers und der Reaktion auf dem 8. FDGB-Kongreß (26. Juni 1972)

Liebe Delegierte und Gäste!
Liebe Freunde und Genossen!
Im Namen des Zentralkomitees der Sozialistischen Einheitspartei Deutschlands überbringe ich dem 8. Kongreß des Freien Deutschen Gewerkschaftsbundes die herzlichsten Kampfesgrüße unserer Partei, der Partei der Arbeiterklasse. (Lebhafter Beifall)
Ihr, liebe Delegierte, besitzt das Mandat von 7,3 Millionen gewerkschaftlich organisierten Arbeitern und Angestellten. Damit ist schon gesagt, welche Kraft hinter eurem Wort steht und welche Bedeutung eure Entscheidungen für den weiteren Aufbau des Sozialismus in der Deutschen Demokratischen Republik haben. Für uns als Vertreter der Parteiführung der Sozialistischen Einheitspartei Deutschlands ist es selbstverständlich, an euren Beratungen teilzunehmen und aufmerksam auf die Erfahrungen und den Rat der gewerkschaftlichen Vertrauensleute und Funktionäre zu hören. (Beifall)
So unbeirrbar, wie ihr in eurer Arbeit stets von der führenden Rolle der marxistisch-leninistischen Partei der Arbeiterklasse ausgeht, so unbeirrbar lassen wir uns davon leiten, jeden Schritt gemeinsam mit den Gewerkschaften, gemeinsam mit der ganzen Arbeiterklasse zu tun. (Beifall)
[...]
Zu ihren Erfolgen haben Hunderttausende Genossen unserer Partei beigetragen, die sich in beharrlicher täglicher Arbeit immer aufs neue als Vertrauensleute der Werktätigen in den verschiedensten gewerkschaftlichen Funktionen bewähren. Ich möchte die Gelegenheit dieses Tages nutzen, um ihnen herzlichen Dank zu sagen und eine weitere erfolgreiche Tätigkeit zu wünschen. (Lebhafter Beifall)
Die Gewerkschaften können der Unterstützung unserer Partei immer gewiß sein. Wir lassen uns auch darin von Marx, Engels und Lenin

leiten. Nie haben wir vergessen und stets werden wir beherzigen, daß unsere Genossen Ernst Thälmann, Wilhelm Pieck und Otto Grotewohl sagten, daß in der Gewerkschaftsfrage »das Verhältnis von Partei und Klasse entschieden« wird. Wenn unser Vertrauensverhältnis zur Arbeiterklasse heute so gut und fest ist, dann haben unsere Beziehungen zur Gewerkschaft und deren Arbeit einen wichtigen Anteil daran. Das kameradschaftliche Zusammenwirken zwischen der Sozialistischen Einheitspartei Deutschlands und dem Freien Deutschen Gewerkschaftsbund war noch nie so eng wie heute. (Die Delegierten und Gäste erheben sich von den Plätzen und spenden lang anhaltenden Beifall.) Auch in dieser Beziehung hat der VIII. Parteitag der SED eine neue Phase eingeleitet.

Und offensichtlich bekommt das dem Sozialismus in unserem Lande ganz gut. (Beifall)

Im Namen des Zentralkomitees der Sozialistischen Einheitspartei Deutschlands wünsche ich eurem Kongreß einen erfolgreichen Verlauf und dem FDGB weitere große Erfolge beim Aufbau des Sozialismus, bei der täglichen Vertretung der Interessen der Arbeiter und Angestellten in der Deutschen Demokratischen Republik!

Es lebe unser Kampf für Sozialismus und Frieden!

Es lebe der proletarische Internationalismus!

Es lebe der Freie Deutsche Gewerkschaftsbund!
(Stürmischer und lang anhaltender Beifall. Die Delegierten und Gäste haben sich von den Plätzen erhoben. Hochrufe auf das Zentralkomitee der SED.)

Versammlungsleiter Margarete Müller:

Lieber Genosse Erich Honecker!

Die Delegierten und Gäste des 8. FDGB-Kongresses danken Ihnen von ganzem Herzen für Ihre richtungsweisende Rede, die uns alle tief bewegt hat. Wir freuen uns über die hohe Wertschätzung der Arbeit der 7,3 Millionen Gewerkschaftsmitglieder durch die Sozialistische Einheitspartei Deutschlands, die in Ihrer Rede und in der Grußadresse des Zentralkomitees zum Ausdruck kommt.

Wir möchten dem Zentralkomitee der Sozialistischen Einheitspartei Deutschlands, seinem Politbüro und dem Ersten Sekretär, Ihnen, lieber Genosse Erich Honecker, versichern: Die 7,3 Millionen Gewerkschafter der Deutschen Demokratischen Republik werden noch stärker ihre schöpferischen Fähigkeiten, ihr Wissen und Können einsetzen, um die

Beschlüsse des VIII. Parteitages der SED und die von ihm beschlossene Hauptaufgabe in allen Betrieben, Einrichtungen und Institutionen zu verwirklichen.

Die Gewerkschaften der Deutschen Demokratischen Republik werden dabei mehr denn je treue Helfer der Sozialistischen Einheitspartei Deutschlands sein. Schulter an Schulter werden wir die kluge Arbeiterpolitik des VIII. Parteitages gewissenhaft fortsetzen ...

Quelle: Protokoll des 8. FDGB-Kongresses, Berlin (Ost) 1972, S. 70 und 77f.

DOKUMENT 15

Schreiben Harry Tischs an Erich Honecker wegen eines Interviews beim »Deutschlandfunk« (5. Oktober 1987)

FDGB-Bundesvorstand   Berlin, den 5. Oktober 1987
Vorsitzender

Lieber Genosse Honecker!
Schon seit längerer Zeit kommen immer wieder Anfragen vom Deutschlandfunk, nach unserem 11. FDGB-Kongreß mit mir ein Interview zu machen.

Über das Außenministerium habe ich nun die Fragen vom Deutschlandfunk erhalten und wollte – wenn Du einverstanden bist – das Interview geben.

Obwohl ich Deinen angespannten Zeitplan kenne, würde ich es gern sehen, wenn Du Deine Zustimmung zu den Antworten gibst oder mir noch Deine Vorschläge unterbreitest.
Die Fragen und Antworten als Anlage.
Mit sozialistischem Gruß

Harry Tisch

Einverstanden
E. Honecker
5. 10. 87

Quelle: Zentrales Gewerkschaftsarchiv des FDGB 13252, abgedruckt bei: Wolfgang Eckelmann, Hans-Hermann Hertle und Rainer Weinert: FDGB intern. Inneneinsichten einer Massenorganisation der SED, Treptow 1990, S. 247.

DOKUMENT 16

Aus dem Arbeitsgesetzbuch der DDR von 1978: Rechte der Gewerkschaften (16. Juli 1977)

§ 6

(1) Die Werktätigen haben das Recht, sich zur Wahrung ihrer Interessen in den freien Gewerkschaften zusammenzuschließen und aktiv zu betätigen.

(2) Der sozialistische Staat gewährleistet, daß sich die Gewerkschaften, vereinigt im Freien Deutschen Gewerkschaftsbund, zur Wahrnehmung ihrer verfassungsmäßigen Rechte entsprechend ihrer Satzung und ihren Beschlüssen frei und ungehindert betätigen können. Die gewerkschaftliche Tätigkeit steht unter dem Schutz des sozialistischen Staates. Alle Staatsorgane, wirtschaftsleitenden Organe und Betriebe sind verpflichtet, die Tätigkeit der Gewerkschaften zu fördern und eng mit ihnen zusammenzuarbeiten. Wer die gewerkschaftliche Tätigkeit behindert, wird zur Verantwortung gezogen.

(3) Die Gewerkschaften tragen als Interessenvertreter der Werktätigen eine große Verantwortung für die allseitige Stärkung der sozialistischen Gesellschaftsordnung und stabile Entwicklung der sozialistischen Wirtschaft. Die Gewerkschaften organisieren im sozialistischen Wettbewerb die Mitglieder der Arbeitskollektive zum Kampf um hohe Leistungen bei der Erfüllung der volkswirtschaftlichen Aufgaben und wirken für die ständige Verbesserung der Arbeits- und Lebensbedingungen der Werktätigen. Sie befähigen die Werktätigen, ihr Recht auf Mitwirkung an der Leitung und Planung bewußt und sachkundig wahrzunehmen. Durch ihre gesamte Tätigkeit festigen sie die sozialistische Einstellung der Werktätigen zur Arbeit und das der sozialistischen Lebensweise entsprechende Verhalten und Handeln der Werktätigen. Die Gewerkschaften unterstützen die Werktätigen bei der politischen und fachlichen Weiterbildung und fördern ein reges geistig-kulturelles und sportliches Leben.

§ 7

(1) Die Gewerkschaften nehmen an der Vorbereitung und Ausarbeitung der Fünfjahrpläne und der jährlichen Volkswirtschaftspläne teil. Sie fördern die Initiative der Werktätigen zur gezielten Überbietung der staatlichen Aufgaben. Die Gewerkschaften haben das Recht, zu den Planentwürfen Vorschläge zu unterbreiten und Stellung zu nehmen.

(2) Die Leiter der Staatsorgane, wirtschaftsleitenden Organe und Betriebe sind verpflichtet, die Vorschläge und Stellungnahmen der Gewerkschaften für die weitere Arbeit an den Planentwürfen gründlich auszuwerten, in die Planverteidigung einzubeziehen und über die Verwirklichung der Vorschläge den betreffenden Vorständen oder Leitungen der Gewerkschaften Rechenschaft zu legen. Können Vorschläge nicht oder erst zu einem späteren Zeitpunkt verwirklicht werden, ist das zu begründen. Die Vorstände und Leitungen der Gewerkschaften haben das Recht, gegen die Ablehnung von Vorschlägen beim übergeordneten Staatsorgan oder wirtschaftsleitenden Organ Einspruch zu erheben.

§ 8

(1) Die Gewerkschaften wirken bei der Gestaltung und Verwirklichung des sozialistischen Arbeitsrechts mit. Der Bundesvorstand des Freien Deutschen Gewerkschaftsbundes ist berechtigt, der Volkskammer und dem Ministerrat Vorschläge für die Weiterentwicklung des sozialistischen Arbeitsrechts zu unterbreiten. Die Zentralvorstände der Industriegewerkschaften und Gewerkschaften sind berechtigt, den Ministern und den Leitern der anderen zentralen Staatsorgane Vorschläge für besondere arbeitsrechtliche Regelungen in den Zweigen bzw. Bereichen der Volkswirtschaft zu unterbreiten. Die Gewerkschaften besitzen das Recht der gesellschaftlichen Kontrolle über die Wahrung der gesetzlich garantierten Rechte der Werktätigen.

(2) Die Gewerkschaften haben das Recht, über alle die Arbeits- und Lebensbedingungen der Werktätigen betreffenden Fragen mit Staatsorganen, wirtschaftsleitenden Organen und Betriebsleitern Vereinbarungen abzuschließen.

(3) Der Freie Deutsche Gewerkschaftsbund übt durch die Arbeitsschutzinspektionen die Kontrolle über den Gesundheits- und Arbeitsschutz in den Betrieben aus.

(4) Der Freie Deutsche Gewerkschaftsbund leitet die Sozialversicherung der Arbeiter und Angestellten.

Quelle: Arbeitsgesetzbuch der Deutschen Demokratischen Republik mit Einführungsgesetz. Textausgabe mit Sachregister, Berlin (Ost) 5. Aufl. 1980, S. 9f.

DOKUMENT 17

Pflichten der FDGB-Mitglieder laut FDGB-Satzung (1982)

Das Gewerkschaftsmitglied hat die Pflicht:
a) sich aktiv für die von den Gewerkschaften gestellten Ziele und Aufgaben bei der weiteren Gestaltung der entwickelten sozialistischen Gesellschaft und damit für die Schaffung grundlegender Voraussetzungen für den allmählichen Übergang zum Kommunismus einzusetzen, für die allseitige Verwirklichung ihrer Beschlüsse zu kämpfen;
b) die Deutsche Demokratische Republik allseitig zu stärken und ihre Errungenschaften zu verteidigen;
c) das sozialistische Eigentum zu achten und zu mehren, seine ganze Kraft im sozialistischen Wettbewerb für die Erfüllung des Volkswirtschaftsplanes und des BKV einzusetzen, das Kollektiv zu achten, sozialistische Hilfe zu leisten, die sozialistische Arbeitsdisziplin einzuhalten und jede Disziplinlosigkeit in der Produktion und in der Wirtschaft zu bekämpfen, ehrlich, offen und sachlich Fehler und Mängel aufzudecken und für deren Beseitigung einzutreten;
d) seine politischen und fachlichen Fähigkeiten und Kenntnisse zu erweitern und die Anwendung bewährter Erfahrungen sowie Neuerermethoden zu fördern;
e) die Satzung des FDGB einzuhalten und seinen Mitgliedsbeitrag im laufenden Monat entsprechend der Beitragsordnung zu zahlen.

Quelle: Tribüne vom 13. August 1982.

DOKUMENT 18

Vorgegebener Themenplan für die Sitzungen der »Schulen der sozialistischen Arbeit« (1984/85)

Die DDR-Eckpfeiler des Friedens und des Sozialismus in Europa
Der Imperialismus – Feind der Menschheit
Intensivierung – ein revolutionärer Prozeß
Effektive Energie- und Materialökonomie hilft Kosten senken
Leistungsprinzip – Triebkraft für hohe ökonomische Leistungen
Sozialistisches Arbeitsrecht – Ausdruck der Macht der Arbeiterklasse
Die schöpferische Kraft der sozialistischen Staatengemeinschaft
Aus der Geschichte lernend – Aufgaben für Gegenwart und Zukunft meistern

Quelle: Schulen der sozialistischen Arbeit 1984/85. Hinweise und Anschauungsmaterial für den Gesprächsleiter (Hrsg.: Abteilung Agitation und Propaganda und Gewerkschaftshochschule »Fritz Heckert« beim Bundesvorstand des FDGB), Berlin (Ost) 1984.

DOKUMENT 19

Aus dem Bericht des Ausschusses zur Untersuchung von Amtsmißbrauch und Korruption im ehemaligen Bundesvorstand des FDGB (31. Januar 1990)

Kernstück dieses Systems war die von Tisch betonte und unnachgiebig praktizierte Unfehlbarkeit und Unantastbarkeit seiner Person. Sich auf die Mitgliedschaft im Politbüro berufend, unterdrückte er jeden Zweifel und jede Kritik an seiner Person, an seinen Entscheidungen und seinen Handlungen. Er degradierte die Mitglieder des Präsidiums und des Sekretariats zu Erfüllungsgehilfen seines Willens. Die Mitglieder der genannten Gremien fügten sich ausnahmslos dem Willen Tischs.

Es war eine seiner ersten Entscheidungen, sich den Leiter der Finanz- und Wirtschaftsverwaltung des Bundesvorstandes direkt zu unterstellen und der Kontrolle durch die gewählten Gremien zu entziehen. Tisch war es, der den Leiter der Finanz- und Wirtschaftsverwaltung, Harri Weber, und zuletzt Kurt Graser, für die Wahl ins Präsidium vorschlug und im folgenden gegen jegliche Kontrolle durch staatliche Revisionen, kriminalpolizeiliche und staatsanwaltliche Untersuchungen abschirmte. Straftaten, die im Bereich des ehemaligen Bundesvorstandes begangen wurden, sind als sogenannte innergewerkschaftliche Angelegenheiten behandelt worden. Somit wurde Außenstehenden jeglicher Einblick verwehrt und damit Ermittlungen rechtswidrig verhindert.

Quelle: Tribüne vom 1. Februar 1990.

DOKUMENT 20

Entwurf des gewerkschaftlichen Dachverbandes FDGB für eine Änderung der DDR-Verfassung (1. Februar 1990)

Artikel 44

1. Die freien unabhängigen IG/Gew. (nachfolgend Gewerkschaften genannt) haben das Recht, sich in einem Gewerkschaftsbund zu vereinigen. Sie sind Interessenvertreter ihrer Mitglieder und aller Werktätigen.
2. Niemand darf die Gewerkschaften in ihrer Tätigkeit einschränken oder behindern. Dies schließt alle Formen gewerkschaftlicher Kampfmaßnahmen ein und die Aussperrung aus.
3. Die Gewerkschaften nehmen durch die Tätigkeit ihrer Organisationen und Organe und das Wirken der Gewerkschaftsvertreter entsprechend gesetzlichen Regelungen ihre Aufgaben, Rechte und Befugnisse in den Betrieben und darüber hinaus wahr. Ihre Mitwirkung und Mitbestimmungsrechte sind in Rechtsvorschriften vereinbart.

Artikel 45

1. Die Grundrechte der Gewerkschaften bestehen in:
   - der Gesetzesinitiative sowie in Einsprüchen bei Gesetzesanträgen, an deren Erarbeitung sie nicht beteiligt sind.
   - Sie nehmen Anteil an der Gestaltung der demokratischen Rechtsordnung und kontrollieren vor allem die Einhaltung aller Gesetze und weiterer Rechtsvorschriften insbesondere zum Recht auf Arbeit, zur Sozialpolitik und zu den Arbeits- und Lebensbedingungen, die die Interessen der Werktätigen berühren.
2. Alle Staatsorgane und Leiter von Betrieben und Einrichtungen aller Eigentumsformen sind verpflichtet, für die ungehinderte Arbeit der freien und unabhängigen Gewerkschaften in ihrem Unterstellungsbereich zu sorgen.

Quelle: Tribüne vom 2. Februar 1990, S. 1.

DOKUMENT 21

Beschluß der Vorsitzenden der Einzelgewerkschaften des FDGB über dessen Auflösung (9. Mai 1990)

Erklärung

An die Gewerkschafter und Gewerkschafterinnen unseres Landes

An die Regierung der DDR

An die im Parlament der DDR vertretenen Parteien

An den DGB und die in ihm vertretenen Einzelgewerkschaften der BRD

In der Erkenntnis der gegenwärtig in unserem Land eingetretenen politischen Lage im Zusammenhang mit der Einführung der Marktwirtschaft und der Vorbereitung der politischen, wirtschaftlichen und sozialen Vereinigung beider deutscher Staaten haben die Vorsitzenden der Industriegewerkschaften und Gewerkschaften in Wahrnehmung der ihnen von ihren Mitgliedern demokratisch übertragenen Verantwortung eindeutig die Notwendigkeit eines Bundes freier und unabhängiger Gewerkschaften bekräftigt.

Der Dachverband in seinen bisherigen Strukturen kann die Herausforderung der Zeit nicht mehr bewältigen.

Der Begriff »FDGB« ist nach wie vor politisch diskreditiert. Das Vertrauen unserer Mitglieder, die Akzeptanz unserer Partner sowie das Vermögen, die aktuell anstehenden Aufgaben zu bewältigen, sind entscheidende Voraussetzungen für wirksame gewerkschaftliche Interessenvertretung, die objektiv vom jetzigen Dachverband FDGB nicht mehr realisierbar sind.

Auf Vorschlag der Vorsitzenden der Industriegewerkschaften und Gewerkschaften wurde am 9. 5. 1990 entschieden:

1. Bildung eines Sprecherrates der Vorsitzenden der Industriegewerkschaften und Gewerkschaften zur Wahrnehmung der übergreifenden gewerkschaftlichen Interessenvertretung gegenüber Regierung und Parteien in der DDR und dem DGB.

2. Zum Sprecherrat wurden gewählt: Peter Rothe, Gewerkschaft der Eisenbahner, Marianne Sandig, Gewerkschaft Land, Nahrungsgüter und Forst, Peter Praikow, Deutsche Postgewerkschaft. Der Sprecherrat wird beauftragt, die juristischen Voraussetzungen zu schaffen, die Vermögenswerte des FDGB neu zu strukturieren und auf die IG/Gewerkschaften aufzuteilen.

3. Der Sprecherrat gestaltet enge Beziehungen zum DGB. Er verliert seine Aufgabe, wenn sich die Einzelgewerkschaften der DDR und der BRD zusammengeschlossen haben bzw. die Organisierung der Industriegewerkschaften und Gewerkschaften im DGB gesichert ist.

4. Die vom außerordentlichen Kongreß direkt gewählten Vorstandsmitglieder nehmen in Vorbereitung auf den Bundeskongreß die Geschäfte entsprechend ihren Geschäftsbereichen wahr. Kollegin Helga Mausch übernimmt ab sofort die Vorbereitung des Kongresses.

Mit dieser Entscheidung dokumentieren die Industriegewerkschaften und Gewerkschaften ihr einheitliches Vorgehen, in wirklich freier demokratischer und unabhängiger gewerkschaftlicher Interessenvertretung die Durchsetzung legitimer Arbeitnehmerrechte im Hinblick auf den deutschen Einigungsprozeß zu garantieren.

Quelle: Tribüne vom 10. Mai 1990.

DOKUMENT 22

Auflösungsbeschluß des Außerordentlichen FDGB-Kongresses (14. September 1990)

Auflösung des FDGB

Der Gewerkschaftskongreß beschloß:

Der FDGB wird mit Wirkung zum 30. September 1990 als Dachverband der Industriegewerkschaften und Gewerkschaften – gemäß der beschlossenen Satzung vom 31. 01./01. 02. 1990 – aufgelöst.

Die Gewerkschaften und Industriegewerkschaften der DDR werden größtenteils mit ihren Partnern aus der BRD bereits in wenigen Wochen vereint sein. Der Deutsche Gewerkschaftsbund, DGB, ist damit der Bund für die gewerkschaftlich Organisierten in den 16 Ländern eines gemeinsamen Deutschlands.

Der am 09. 05. 1990 eingeleitete Prozeß zur Auflösung des FDGB und die Bildung des Sprecherrates waren notwendig und hatten keine Alternative. Das Vertrauen der Mitglieder in den FDGB war verloren. Dadurch wurde auch die Arbeit der Einzelgewerkschaften existentiell gefährdet, solange sie den FDGB als Dachverband mitgetragen hatten.

Ebenfalls wurde von politischen Parteien und Regierungen bedeutet, daß der FDGB für sie als Vertretungsorgan der Gewerkschaften kein Ansprechpartner mehr sei. Damit drohten die Gewerkschaften der DDR ihren Einfluß auf die demokratische und soziale Gestaltung beim gesellschaftlichen Neuaufbau in der DDR zu verlieren.

Vor dem Hintergrund des Zusammengehens beider deutscher Staaten ist die Einigkeit der Gewerkschaftsbewegung im Deutschen Gewerkschaftsbund die einzig richtige Perspektive. Der Sprecherrat hat vor diesem Hintergrund die enge Zusammenarbeit mit dem DGB gesucht. Das Ergebnis dieser engen Verzahnung der Interessenvertretung war der zunehmende Vertrauensgewinn bei den Mitgliedern und die – teilweise – erfolgreiche Einflußnahme auf die politische Gestaltung.

Der Sprecherrat verliert sein Mandat zum 03. 10. 1990, da zu diesem Zeitpunkt der DGB für alle 16 Bundesländer Deutschlands zuständig wird. Der Kongreß erwartet vom DGB, daß sich alle Mitglieder der Gewerkschaften so bald wie möglich auch auf eine wirksame Vertretung in den 5 neuen Bundesländern verlassen können.

Abstimmungsergebnis: 112 Stimmen dafür
2 Stimmenthaltungen

Quelle: Gewerkschaftskongreß zur Auflösung des FDGB, Berlin, 14. September 1990 (Protokoll-Manuskript), Hrsg.: Bund der IG/Gew./Geschäftsführender Vorstand, Berlin, September 1990.

Zeittafel

1945

3. Juni: Offizieller Beginn der Beratungen über die Gründung einer Einheitsgewerkschaft in Berlin.

10. Juni: SMAD-Befehl Nr. 2 (Gewerkschaftszulassung).

15. Juni: Erstaufruf des Vorbereitenden Gewerkschaftsausschusses für Groß-Berlin (»FDGB-Geburtsurkunde«).

10. November: Französisches Veto im Alliierten Kontrollrat gegen die gesamtdeutsche Gewerkschaftseinheit.

21. November: Beschluß über die Einberufung einer FDGB-Delegiertenkonferenz für die SBZ.

1946

Januar: Abschluß der ersten Gewerkschaftswahlen.

2./3. Februar: Gründung des (Groß-)Berliner FDGB auf einer Stadtdelegiertenkonferenz.

9.–11. Februar: »Erste Allgemeine Delegiertenkonferenz des Freien Deutschen Gewerkschaftsbundes für das sowjetisch besetzte Gebiet« in Berlin (FDGB-Gründungskongreß).

21./22. April: Zwangsvereinigung von SPD und KPD zur SED, die daraufhin vier Fünftel der FDGB-Vorstandsmandate innehat.

September/Oktober: Kommunal- und Landtagswahlen in der SBZ/Berlin.

1947

17.–19. April: 2. FDGB-Kongreß in Berlin; Warnungen vor Verlust der Überparteilichkeit.

20.-24. September: 2. SED-Parteitag in Berlin.

9. Oktober: Befehl Nr. 234 der SMAD zur Steigerung der Arbeitsproduktivität und zum Kampf gegen Bummelantentum.

13. Oktober: Zustimmender FDGB-Aufruf zum Befehl Nr. 234.

1948

23. Mai: Abspaltung der »Unabhängigen Gewerkschaftsopposition« (UGO) auf der Groß-Berliner FDGB-Delegiertenkonferenz.

13. Oktober: Rekordschicht von Adolf Hennecke, der sich eine FDGB-Kampagne zugunsten der Aktivistenbewegung anschließt.

25. Oktober: Herbert Warnke (SED, zuvor KPD) löst Hans Jendretzky als FDGB-Bundesvorsitzenden ab.

26. November: Beschluß der Bitterfelder FDGB-Konferenz über die Zerschlagung der SBZ-Betriebsräte.

1949

7. Oktober: DDR-Gründung; der FDGB erhält über 10 Prozent der per Einheitsliste vergebenen Volkskammer-Mandate.

1950

30. August–3. September: 3. FDGB-Kongreß in Berlin beschließt neue Satzung, die die Stalinisierung der Organisation vollendet.

1951

11. Januar: »Plan des FDGB zur Entfaltung der Masseninitiative für die Erfüllung des Fünfjahrplans« (1951-1955); alleinige Konzentration der Organisation auf Produktionssteigerung.

31. Mai: Der für diesen Tag vorgesehene Termin für den Abschluß sämtlicher Betriebskollektivverträge in der DDR muß wegen Widerstandes dagegen erstmals verschoben werden.

14. Oktober: Artikel Rudolf Herrnstadts im *Neuen Deutschland* mit der Absicht, durch die Kritik und Reform bestehender Praktiken des FDGB dessen Ansehen zu verbessern.

1952

9.–12. Juli: Beschluß der 2. FDGB-Parteikonferenz, daß »der Sozialismus planmäßig aufgebaut wird«.

1953

9. April: Beschluß des DDR-Ministerrats zu Verschlechterungen des Lebensstandards.

14./28. Mai: Beschluß zunächst des SED-Politbüros und dann des DDR-Ministerrats, die Arbeitsnormen generell um mindestens 10 Prozent anzuheben.

9. Juni: SED-Politbüro beschließt »neuen Kurs«, der sozialpolitische Milderungen vorsieht, aber die Normenfrage offenläßt.

16. Juni: Die FDGB-Tageszeitung *Tribüne* bekräftigt die Normenerhöhung und löst damit den Arbeiteraufstand aus.

17. Juni: Höhepunkt des Aufstandes, Verhängung des Ausnahmezustandes über nahezu die gesamte DDR.

15.–17. Juli: Eine ZK-Tagung der SED macht Herbert Warnke zum Kandidaten des Politbüros.

1955

14. Juni: Verleihung des Karl-Marx-Ordens an den FDGB.

15.–20. Juni: 4. FDGB-Kongreß; erneute Wiederwahl Warnkes.

1956

23. August: Vollständige Übernahme der Sozialversicherung der Arbeiter und Angestellten durch den FDGB.

19. November: Das ZK der SED kündigt die Bildung von »Arbeiterkomitees« in den DDR-Betrieben an, übermächtigen Konkurrenten der FDGB-Betriebsorgane; sie geraten nach Ende der allgemeinen Ostblockkrise rasch in Vergessenheit.

1958

Juli: Herbert Warnke Vollmitglied des SED-Politbüros.

1959

26.–31. Oktober: 5. FDGB-Kongreß; erneute Wiederwahl Warnkes.

1961

12. April: Die DDR-Volkskammer verabschiedet das Gesetzbuch der Arbeit; es zementiert die Monopolstellung des FDGB.

13. August: Mauerbau.

1963

15.–21. Januar: Der VI. SED-Parteitag beschließt das »Neue Ökonomische System der Planung und Leitung« (NÖSPL).

15. April: Das erste »Produktionskomitee« nimmt seine Arbeit auf; es folgen 160 weitere in den DDR-Großbetrieben, was die betriebliche Rolle des FDGB schmälert.

19.–23. November: 6. FDGB-Kongreß; erneute Wiederwahl Warnkes.

1965

Dezember: Die SED leitet den Abbau des NÖSPL ein.

1968

6. April: Die »sozialistische Verfassung« der DDR tritt in Kraft; zwei Artikel betreffen den FDGB.

6.–10. Mai: 7. FDGB-Kongreß; erneute Wiederwahl Warnkes.

1969

17.–19. September: Sozialpolitische Auseinandersetzungen auf einer theoretischen FDGB-Konferenz.

1971

3. Mai: Honecker löst Ulbricht als SED-Chef ab.

1972

28. April: Erstmals wird ein gemeinsamer sozialpolitischer Beschluß des ZK der SED, des DDR-Ministerrates und des FDGB-Bundesvorstandes gefaßt.

26.–30. Juni: 8. FDGB-Kongreß; letztmalige Wiederwahl Warnkes.

29. September: FDGB-Präsidium beschließt »Schulen der sozialistischen Arbeit«.

16. Oktober: Gesetz über den Ministerrat der DDR verleiht dem FDGB-Bundesvorstand Konsultativrechte.

1973

12. Juli: Gesetz über die örtlichen Volksvertretungen und ihre Organe verleiht dem FDGB-Bundesvorstand auch dort Konsultativrechte.

1975

26. März: Nach fast 27 Jahren im Amt des FDGB-Vorsitzenden stirbt Herbert Warnke.

28. April: Harry Tisch (SED) neuer FDGB-Vorsitzender.

1977

16.–19. Mai: 9. FDGB-Kongreß.

16. Juni: Die DDR-Volkskammer beschließt das »Arbeitsgesetzbuch« und präzisiert darin die FDGB-Aufgaben.

1978

12. Dezember: Vereinbarung zwischen NVA und FDGB über planmäßige Zusammenarbeit bei der Wehrerziehung.

1981

April/Mai: Harry Tisch wendet sich in der SED-Zeitschrift *Einheit* scharf gegen die unabhängige polnische Gewerkschaft »Solidarność«.

1982

21.–24. April: 10. FDGB-Kongreß.

1987

22.–25. April: 11. und letzter regulärer FDGB-Kongreß.

1989

18. Oktober: Egon Krenz löst Erich Honecker als SED-Chef ab.
3. November: Rücktritt Harry Tischs als FDGB-Vorsitzender.
29. November: Ausschluß Harry Tischs aus dem FDGB/Einberufung eines Außerordentlichen Kongresses.
1. Dezember: SED-Führungsrolle aus der DDR-Verfassung gestrichen.
3. Dezember: Harry Tisch verhaftet, Egon Krenz als SED-Chef zurückgetreten.

1990

31. Januar/1. Februar: Außerordentlicher FDGB-Kongreß verwandelt die Organisation in einen Dachverband unabhängiger Einzelgewerkschaften und fordert seine künftige Privilegierung mittels einer Verfassungsänderung und eines eigenen Gewerkschaftsgesetzes.
6. März: DDR-Volkskammer beschließt das vom FDGB geforderte Gewerkschaftsgesetz mit einigen Änderungen.
18. März: Erste demokratische Wahl der Volkskammer.
9. Mai: Die Vorsitzenden der Einzelgewerkschaften des FDGB kündigen dessen Auflösung an, setzen den FDGB-Vorstand ab und wählen einen »Sprecherrat«.
14. September: Ein Gewerkschafts-Kongreß beschließt die Auflösung des FDGB.

Glossar

Alliierter Kontrollrat: 1945 von den vier Siegermächten mit der obersten Kontrollgewalt über Deutschland versehene höchste Besatzungsbehörde, seit 1948 durch den Auszug der Sowjets handlungsunfähig.

Arbeitsproduktivität: Nutzeffekt der Arbeit; Arbeit bemißt sich an der Menge der Produkte, die ein Arbeiter in einer bestimmten Zeiteinheit herstellt bzw. am Zeitaufwand für die Herstellung eines Produktes.

Betriebsgewerkschaftsleitung (BGL): Von den Mitgliedern der FDGB-Betriebsorganisation »gewählte« betriebliche Vertretungsspitze; »ersetzte seit 1948 die Betriebsräte.

Demokratischer Zentralismus: Verbindliches Organisations- und Leitungsprinzip der SED, des Staates DDR und der Massenorganisationen; er bedeutete unbedingtes Weisungsrecht und die Verbindlichkeit der Beschlüsse übergeordneter Leitungen für nachgeordnete Organe (Zentralismus) und die Wahl der leitenden Parteiorgane von unten nach oben (Demokratie), die in der Praxis durch ein Vorschlagsrecht übergeordneter Leitungen kaum mehr als eine Bestätigung von deren Vorschlägen war.

Industrieprinzip: Gliederungsprinzip des FDGB nach der Arbeitsstätte und nicht nach dem Berufsstand (es mußte etwa ein für die Betriebszeitung eines Automobilwerkes tätiger Journalist in der IG Metall des FDGB organisiert sein); auch: Produktionsprinzip.

Kader(-politik): Methode der Besetzung leitender Stellen in sämtlichen Bereichen der Gesellschaft anhand eines Verzeichnisses von Positionen und Funktionen (Nomenklatur) direkt durch die SED oder unter ihrer Kontrolle; diesem Verzeichnis zugeordnet wurde ein Verzeichnis in Betracht kommender Personen (der Kader) – ein auch im FDGB angewandtes Verfahren.

Kollektiv: Im allgemeinen DDR-Sprachgebrauch dauerhafte Vereinigung von Menschen, im speziellen am Arbeitsplatz als Arbeitskollektiv.

Konsultativrecht: Das Recht, beratend, jedoch ohne Mitbestimmungsbefugnis zu Entscheidungen herangezogen (angehört) zu werden.

Länder und Provinzen der SBZ/DDR: Zwischen 1945 und 1952 bestehende Verwaltungseinheiten; die Provinzen Sachsen-Anhalt (Provinz Sachsen) und Brandenburg wurden 1947 ebenso in den Stand eines Landes erhoben wie zuvor schon Mecklenburg-Vorpommern (ab 1947 nur noch Mecklenburg genannt), Sachsen und Thüringen.

Loyal sein: Zu jemandem halten, ihm treu sein, seine grundsätzlichen Wertentscheidungen mittragen und nach außen hin vertreten.

Pluralismus: Staats- und Gesellschaftstheorie, die die legitime Vielfalt von Interessen und Meinungen zum Ausgangspunkt hat und in deren Nebeneinanderbestehen und freier Entfaltung (etwa in Form gewerkschaftlicher Interessenvertretung) das tragende Element einer demokratischen Ordnung im Rahmen eines gemeinsamen Wertesystems sieht.

Produktionsmittel: In der marxistischen Begrifflichkeit die Gesamtheit der Arbeitsmittel und -gegenstände, die der Mensch verwendet, um Güter und Leistungen zu erzeugen (Rohstoffe, Werkzeuge, Maschinen etc.).

Produktivkräfte: In der marxistischen Begrifflichkeit die die gesellschaftliche Produktion bestimmenden Faktoren; im allgemeinen: Menschen, Arbeitsmittel, Arbeitserfahrungen.

Sozialistischer Wettbewerb: Im Arbeitsgesetzbuch (AGB) der DDR festgeschriebene Form der »Masseninitiative« – zentral gelenktes Wetteifern zwischen Einzelpersonen, Kollektiven, Betriebsabteilung und ganzen Betrieben um höhere Arbeitsleistungen.

Abkürzungen

ADGB	Allgemeiner Deutscher Gewerkschaftsbund (zur Zeit der Weimarer Republik stärkste Gewerkschaftsorganisation, SPD-orientiert)
BGL	Betriebsgewerkschaftsleitung
BKV	Betriebskollektivvertrag
CDU	Christlich-Demokratische Union Deutschlands (in der SBZ/DDR bis 1948 unabhängig, 1948-1989 Blockpartei)
FDJ	Freie Deutsche Jugend (SED-Nachwuchsorganisation)
KPD	Kommunistische Partei Deutschlands (bis 1946)
KPdSU	Kommunistische Partei der Sowjetunion
LDPD	Liberal-Demokratische Partei Deutschlands (in der SBZ/DDR bis 1948 unabhängig, 1948-1989 Blockpartei)
NDPD	Nationaldemokratische Partei Deutschlands (1948-1989 Blockpartei)
NVA	Nationale Volksarmee (der DDR)
SED	Sozialistische Einheitspartei Deutschlands (1946 durch Zwangsvereinigung von SPD und KPD entstanden, bis 1989 Inhaber des DDR-Herrschaftsmonopols, heute PDS = Partei des Demokratischen Sozialismus)
SMAD	Sowjetische Militäradministration in Deutschland (1945-1949 oberste Besatzungsbehörde der SBZ)
VEB	Volkseigener Betrieb

Literatur

Bednareck, Horst, Albert *Behrendt* und Dieter *Lange* (Hrsg.) Gewerkschaftlicher Neubeginn. Dokumente zur Gründung des FDGB und zu seiner Entwicklung von Juni 1945 bis Februar 1946, Berlin (Ost) 1975.

Belwe, Katharina Mitwirkung im Industriebetrieb der DDR. Planung – Einzelleitung – Beteiligung der Werktätigen an Entscheidungsprozessen des VEB, Opladen 1979.

Eckelmann, Wolfgang, Hans-Hermann *Hertle* und Rainer *Weinert* FDGB intern. Inneneinsichten einer Massenorganisation der SED, Treptow 1990.

Geschichte des FDGB. Chronik, Berlin (Ost) 1985.

Geschichte des Freien Deutschen Gewerkschaftsbundes, Berlin (Ost) 1981.

Gewerkschaften in unserer Gesellschaft, Berlin (Ost) 1975.

Berliner *Gewerkschaftsgeschichte* von 1945 bis 1950. FDGB, UGO, DGB (Hrsg. DGB-Landesbezirk Berlin), Berlin (West) 1971.

Gill, Ulrich Der Freie Deutsche Gewerkschaftsbund (FDGB). Theorie – Geschichte – Organisation – Funktionen – Kritik, Opladen 1989.

Klein, Jürgen Bürgerliche Demokraten oder christliche, sozialdemokratische und kommunistische Gewerkschafter Hand in Hand gegen die Arbeiter, Hamburg 1974.

Lenin, N. Über Gewerkschaften, Wien und Berlin 1927.

Melkis-Bihler, Ruth Die Mitwirkung der Werktätigen im Wirtschaftssystem der DDR, Diss. zum Doktor der Sozialwissenschaft, Tübingen 1977.

Suckut, Siegfried Die Betriebsrätebewegung in der Sowjetisch Besetzten Zone Deutschlands (1945-1948), Frankfurt a. M. 1982.

Voigt, Dieter Montagearbeiter in der DDR, Diss. phil., Gießen 1971.

Wilke, Manfred und Hans-Peter *Müller* FDGB Vom alten Herrschaftsapparat zu neuer Gewerkschaftsmacht? (Interne Studien der Konrad-Adenauer-Stiftung, Nr. 17/1990).

Zimmermann, Hartmut Freier Deutscher Gewerkschaftsbund, in DDR Handbuch, Köln 1985, S. 459-473.

Schriftenreihe des DGB-Bildungswerkes
Gewerkschaften in Deutschland

Texte – Dokumente – Materialien
Herausgegeben von Heinz-Werner Meyer
und Jochen Richert
Redaktion: Manfred Scharrer

Band 1 · Manfred Scharrer
**Arbeiter und die Idee
von den Arbeitern**
1848 bis 1869
Mit zahlreichen Abbildungen
und Dokumenten

Band 2 · Manfred Scharrer
Organisation und Vaterland
Gewerkschaften vor dem
Ersten Weltkrieg
Mit zahlreichen Abbildungen
und Dokumenten

Band 3 · Michael Ruck
**Gewerkschaften – Staat –
Unternehmer**
Die Gewerkschaften im sozialen
und politischen Kräftefeld
1914 bis 1933
Mit zahlreichen Dokumenten

Band 4 · Michael Fichter
Einheit und Organisation
Der Deutsche
Gewerkschaftsbund im Aufbau
1945 bis 1949
Mit zahlreichen Dokumenten

Band 5 · Mario König
Die Angestellten unterwegs
Vom Berufsstand zur modernen
Gewerkschaft 1890 bis 1990
Mit zahlreichen Dokumenten

Band 6 · Werner Milert, Rudolf Tschirbs
**Von den Arbeiterausschüssen
zum Betriebsverfassungsgesetz**
Geschichte der betrieblichen
Interessenvertretung in Deutschland

Band 7 · Ulrike Bussemer
**Frauen in der deutschen
Gewerkschaftsbewegung**

Band 8 · Roland Gröschel
**Vom Lehrlingsverein
zur Gewerkschaftsjugend**

Band 9 · Arno Mersmann, Klaus Novy
**Gewerkschaften – Genossenschaften –
Gemeinwirtschaft**
Hat eine Ökonomie der Solidarität
eine Chance?

Band 10 · Rainer Kalbitz
Tarifpolitik – Streik – Aussperrung
Die Gestaltungskraft der Gewerk-
schaften des DGB nach 1945
Mit zahlreichen Dokumenten

Band 11 · Bernd Faulenbach
Gewerkschaften als Kulturbewegung

Band 12 · Horst Thum
**Wirtschaftsdemokratie und
Mitbestimmung**

Band 13 · Ulrich Gill
FDGB
Die DDR-Gewerkschaft von 1945 bis zu
ihrer Auflösung 1990

*Band 14 · Sabine Hanna Leich,
Wolfgang Kruse*
**Internationalismus und
nationale Interessenvertretung**
Zur Geschichte der internationalen
Gewerkschaftsbewegung

Bund-Verlag

Geschichte der Arbeiterbewegung

Udo Achten (Hrsg.)
»Wenn ihr nur einig seid!«
Texte, Bilder und Lieder zum 1. Mai

Gerhard Beier
Das Lehrstück
vom 1. und 2. Mai 1933

Gerhard Beier
Die illegale Reichsleitung der Gewerkschaften 1933–1945

Gerhard Beier
Schulter an Schulter,
Schritt für Schritt
Lebensläufe deutscher Gewerkschafter
Mit 66 Abbildungen

Gerhard Beier
Geschichte der Gewerkschaft
Politisch-historische Beiträge
zur Geschichte
sozialer Bewegungen

Ulrich Borsdorf
Hans Böckler
Arbeit und Leben eines
Gewerkschafters 1875–1945

Hans-Otto Hemmer,
Kurt Thomas Schmitz (Hrsg.)
Geschichte der Gewerkschaften
in der
Bundesrepublik Deutschland
Von den Anfängen bis heute
Mit Beiträgen von
Siegfried Mielke, Werner Müller,
Rainer Kalbitz, Helga Grebing,
Arno Klönne, Hartmut Reese,
Klaus Lompe, Klaus von Beyme,
Walther Müller-Jentsch,
Hans-Otto Hemmer, Kurt
Thomas Schmitz, Werner Milert

Gerard Braunthal
Der Allgemeine Deutsche
Gewerkschaftsbund
Zur Politik der Arbeiterbewegung
in der Weimarer Republik

Adolf Jungbluth
Die arbeitenden Menschen
Ihre Geschichte und ihr Schicksal

Sigrid Koch-Baumgarten
Die Märzaktion der KPD 1921

Theodor Leipart
Carl Legien
Vorwort: Heinz Oskar Vetter
Mit vierzehn Kunstdrucktafeln

Adolf Mirkes (Hrsg.)
Josef Simon
Schuhmacher, Gewerkschafter,
Sozialist mit Ecken und Kanten

Werner Müller
Lohnkampf, Massenstreik,
Sowjetmacht
Ziele und Grenzen der »Revolutionären
Gewerkschaftsopposition« (RGO)
in Deutschland 1928 bis 1933
Vorwort: Hermann Weber

Wolfgang Schroeder
Gewerkschaftspolitik zwischen DGB,
Katholizismus und CDU
1945 bis 1960
Katholische Arbeiterführer
als Zeitzeugen in Interviews

Klaus Tenfelde, Klaus Schönhoven,
Michael Schneider, Detlev J. K. Peukert
Geschichte der deutschen
Gewerkschaften
Von den Anfängen bis 1945
Herausgegeben von Ulrich Borsdorf

Bund-Verlag